増補版

日本共産党の改革を求めて

#MeToo #WithYou

日本共産党員・元党員の有志／編

増補版まえがき

私たち、日本共産党員・元党員の有志は、二度開催した記者会見をまとめた書籍『日本共産党の改革を求めて』（あけび書房）を本年5月1日に上梓したところ、予想以上の反響をいただき、発売日時点で出版社在庫がほぼ底をつくほどでした。読者からもたくさんの感想が寄せられましたが、とりわけ党内ハラスメント、いわゆる民主団体・民主経営における性暴力事件の告発は、衝撃をもって迎えられました。

発売日に先立つ4月19日に放送された、TBSラジオ「荻上チキ・Ｓｅｓｓｉｏｎ」の日本共産党・田村智子委員長インタビューにおいて、司会の荻上氏が本書の内容をもとに田村氏に対し「党内異論が抑圧されているのではないか」「党内ハラスメントが解決されていないのではないか」という趣旨の質問をして、田村氏があわてて弁解にまわる場面がありました。

また4月6日に開催された、日本共産党第2回中央委員会総会では、異論をＳＮＳなどで党外に発信している党員に対して厳正に対処する方針が、口頭で秘密報告がされたと言われています。それを受けて、全国で党員への呼び出し、調査が頻発する事態となっています。

党大会での発言に端を発した、神奈川県の大山奈々子代議員（党神奈川県議団長）への調査、大会発言の立場から翻意を促す「指導」も延々と続けられています。

全国でも、党内ハラスメントを理由とした地方議員の離党が相次いでいます。

松竹伸幸氏の除名処分のあり方に異議を唱えた神谷貴行氏（党福岡県委員会元常任委員）に対しては、昨年、規約違反の疑いがあるとして半年間の党員権利制限をかけましたが、その措置が解けた後も、規約上なんの規定もない「調査中」という口実で、事実上党活動から排除されており、そのストレスで精神疾患に追いやられています（第4部の寄稿参照）。

あらゆるハラスメントを社会から根絶することを政策に掲げている日本共産党において、党大会後も組織内のハラスメント対策が機能せず、それに対して党中央が沈黙したままであることは、問題の根深さを浮き彫りにしています。

こうした状況をうけ、私たちは急遽5月1日に3回目の記者会見を開き、本書の出版と前後して、党内の異論抑圧とハラスメント問題がさらに深刻な事態に陥っていることを告発いたしました。この内容を早急に普及することが必要と考え、さらに資料と寄稿を追加した増補版を緊急に発行した次第です。お読みいただいた党員の皆様は、ぜひ、党の民主的改革のために、できるところから声を上げ、行動してください。党支持者・党に関心を持っていただいている党外の皆様には、党のおかれている現状を共有していただき、私たちと日本共産党にたいして奇譚のないご意見をお寄せいただければ幸いです。

2024年5月　記者会見司会者

初版まえがき

私は二度の日本共産党員・元党員の匿名記者会見で司会を務めた者です。19歳で入党し党歴30数年、関わり方はその時々で濃淡こそありましたが、自分なりに日本共産党員としての活動に誇りを持って参加してきました。

2023年2月に党が松竹伸幸氏を除名したことは、私にとって衝撃的な出来事でした。氏はかねてより、著書やブログで様々な問題提起をしていましたが、私の印象では党の理論・政策を豊富化するものとして受け止めていました。そのなかには、党の公式見解とは異なる論考も多々ありましたが、党中央から反論が発表されることがなかったため、党は議論の過程における異論表明をある程度認める方針に転換したのだと勝手に思いこんでいました。折しも野党共闘の機運が高まり、志位和夫委員長（現議長）が「見返りは民主主義」と標榜して、他党との共闘に柔軟な対応を取り始めたことで、より開かれた党に変容する兆しが見えたかのようで、その変化に大いに期待したものでした。しかしそれは幻想に過ぎませんでした。

松竹氏の除名は世論から厳しい批判を受け、党内からも異論が続出しました。ところが党中央はそれらの批判を「除名問題を利用したメディアの反共攻撃」と退け、一顧だにしない姿勢に終始しました。そうしたなか、批判に対する党の反論文がいくつか発表されましたが、いずれも世論を納得させられる水準には程遠いものでした。かつての党なら、こういうとき、緻密な理論に裏打ちされた論文を発表したものです。党中央には、誠実に反論できる道理が何ひとつないことを思い知らされました。

これを契機として党員・支持者からの党中央に対する批判は、ＳＮＳを通じて急速に伝播し、共有されることになりました。その対象は除名問題にとどまらず、長期低落傾向に歯止めがかからない党勢・機関紙問題など党運営への批判、さらには各地で発生していた数々の党内ハラスメント、不祥事に適切な対応がされず、解決しないままに被害者が苦悩している現状が放置されている実態まで可視化されることになりました。

党中央がこれらの事態に適切な対応をとらず、逆に党内外からの批判にヒステリックな反応を続ける党幹部たちの現状を重くみた党員・元党員有志は、２０２４年1月に開催される党大会でこれらの問題が議論される必要があると感じ、しかしそのためには世論が厳しい目で党大会を注視することが不可欠との結論にいたりました。その契機をみずからつくろうと、1回目の記者会見を開きました。

記者会見は多くのメディアにお集まりいただき、いくつかの記事にもなりましたが、党中央は一切黙殺することで応え、党大会初日には特別発言した内田裕福岡県委員長が松竹氏ならびに党内で異論を唱える党員に対して「こんな連中」と悪罵をとばす異様な幕開けを迎えました。そして最終日の結語で田村智子副委員長（現委員長）が代議員の大山奈々子氏（神奈川県議会議員）の大会発言に対して数分間にわたり人格攻撃を含む激しい批判を展開したことは、明らかに吊し上げでありパワーハラスメントであると、党内外から厳しい批判を受けることになりました。政党内でのパワハラは他党でも問題になっていますが、党大会という最高議決機関で、全国へインターネット中継されるなかでの公開パワハラは、日本の政党史上かつてない異常事態です。

これらを受け、私たち有志は2月に2回目の記者会見を開催し、党内ハラスメント問題に重点を置き、いくつかの実例告発もいたしました。

二度の記者会見の動画はユーチューブにアップし、どなたでも視聴できるようにしましたが、私たちが提起した問題をより多くの人々に関心をもっていただくため、記者会見の内容を書籍化することにいたしました。この機会にあわせ、党の問題点を論じたいくつかの論考、資料もあわせて掲載しました。日本共産党の民主的改革を希求するすべての皆様に読んでいただき、できましたら皆様の持ち場で声をあげていただきましたら幸甚に存じます。

＊会見内容については、出版にあたり一部内容や表現を修正しました

２０２４年３月　記者会見司会者

『増補版　日本共産党の改革を求めて　#MeToo #WithYou』●目次

第3部　出版記者会見　党中央のウソ・妨害・弾圧について　2024年5月1日…165

第１部

第１回記者会見
第29回党大会に向けて

2024年1月11日

はじめに――注意事項、開催趣旨など

D　本日は「日本共産党の全国大会へ　全党員と市民の注目を党員・有志から求める会」の記者会見にお集まりいただき、ありがとうございます。私が司会を務めます。

本日は匿名の記者会見ということで、実名はお出しできませんので、便宜上、端からの席順でA、B、C、D、E、F、Gとつけました。私は真ん中のDです。後での質疑応答では、質問したい方を、Aさん、Gさんなどと聞いていただければと思います。

プライバシーの確保の点でご注意がございます。この会見では、スチール、動画撮影ともに撮影機材を回していただくのは大丈夫ですが、もし党中央などに知られれば最悪の場合、処分される可能性がありますので、そういうことを防ぐために身元を秘匿する必要があります。そのため顔の部分の撮影は避けて、首から下の撮影にするか、もしくは顔に完全にモザイクなどのボカシを入れて特定できないようにするのでしたら、全体を撮っても構いません。そのように撮影をお願いします。また声を流す場合も、声は加工していただくようお願いします。

今日の会見は、こちら側からも後日ネット上に、本日の動画を加工してアップする予定で

す。

まず、私たちがどのような人間なのかを簡単に説明いたします。本日、私を含めて７人集まりました。このうち６人が現役の日本共産党員です。実際に今も活動しております。１人はつい最近まで党員だったのですが、ある事情で党から不当な除籍処分を受けました。東日本から４人、西日本から３人集まりました。党員の年齢は、40代から70代までです。その中では地方議員の経験をした方、党の専従活動家として活動してきた方もいます。

なぜこういう会見を持つに至ったかお話しします。

皆さんもご存知のように昨年２０２３年に松竹伸幸氏、鈴木元氏の除名が立て続けにありました。この問題は党内にも大きな波紋を呼び起こしています。

また、この除名問題をきっかけに日本共産党が抱える、あらゆる問題点が噴出、可視化されてきたという実情があります。実際、松竹氏の除名を批判した福岡県委員会常任委員の神谷貴行氏が、処分前提の権利制限措置を２０２３年末まで半年間ほど受けて、処分をされそうになっているという事件も起こっております。現時点では神谷氏は処分されていないですが、まだ処分のための調査中という立場に置かれている状況です。

このようなことで私たちは、日本共産党はこのままではいけないと、広く国民の皆さん、市民の皆さんに支持されるような政党になるためには、改めるべき点は改めて、脱皮しなければいけないという思いから、声をあげさせてもらいました。

前のテーブルに資料を掲示してあります。こちらは我々が党員であることを証明するものとして配布させてもらいました。2分ほど時間を取りますので、ぜひ前に来て確認いただければと思います。この資料についての撮影はご遠慮して、見て確認するに留めてくだされればと思います。

（会見者7人の党員証明の確認作業中）

しんぶん赤旗の写真がありますが、これはこのなかに赤旗日刊紙の早朝配達を今でもしている者がおり、その方が早朝配達に出かける時にこれから配る新聞を撮影したものです。複数部数あることを分かるように撮影しています。

（会見者7人の党員証明の確認作業、ここまで）

基調報告

D　日本共産党の党大会がすぐ来週から始まります。党大会の仕組みなども説明しながら、どこに問題点があるかを説明します。

党大会代議員の選出方法

まず、日本共産党の党大会がどのように行われるかお話しします。日本共産党には基礎組織として「支部」があります。基本的に党員は地域や職場、学校ごとに組織されている支部に所属します。そこの支部で、その支部の上にある「地区党会議」という会議に出るための「代議員」を選出します。そのときの支部の選出方法は、支部から1人ないしは数名出られるので、大体話し合いで、「誰々さんか、誰か行けますか?」などと支部で話し合って代議員を決定します。支部で選ばれた代議員は、地区党会議に行きます。

地区党会議を招集する「地区委員会」というのが、各都道府県の中に複数あります。「都道府県委員会」の下の指導組織ということになります。そこの地区党会議に、支部から選ばれた代議員が出席します。その地区党会議でまたいろいろ議論がされて、地区党会議でさらに選ばれた代議員が都道府県党会議に出ます。

都道府県の党会議でも議論がされ、さらに都道府県の代議員が新たに選ばれて、そこで選ばれた代議員が「日本共産党大会」＝全国大会に出席するという流れになっています。

代議員選出の問題

そこにどういう問題があるのかを説明します。

日本共産党の規約では、役員は選挙で決めるという規定があります。ですので、一応形式的には選挙で選んでいることは間違いありません。

ただその選挙というのが、どれだけ自由で民主的な選挙、もっと具体的に言えば、たとえば異論や党中央と違う意見を持った声が、どれだけ大会に反映させることができるのか、そこがやはり問われてくると思うのです。

まず代議員の選び方に問題があります。地区党会議と都道府県党会議では、ほぼ決め方は同じで、その会議の場で定数いっぱいの「推薦名簿」が出されます。推薦名簿は事実上そこの党の指導機関が事前につくって、対象者には根回しをして、その名簿に登載することになります。

投票方法は信任投票です。ですので、定数がたとえば30人だったら30人ちょうど立候補をすれば、その30人の人に、○が過半数つけば全員当選ということになります。

では、それ以外で立候補する方法はあるのかというと、それはあります。その場合はどうしたらいいのかというと、自薦・他薦による立候補を、その党会議の場で当日に行います。そのときはちゃんと党会議でも「立候補する人はありますか?」という問いかけをすることはやられています。

ただ立候補はできても、そこから当選するのが極めて困難です。事前に推薦名簿に載ってない異論を持った党員が立候補して当選するのは、ほとんど聞いたことがありません。なぜかと言いますと、推薦名簿に載らずに当選をするには、選挙運動をしないと当選はできないと思うのですが、事前に横の連絡を取ると「分派活動」と認定されてしまって、処分の対象になるからです。

当日いきなり立候補して、その人がどのような主張を持っているか、数分間説明する時間を与えられても、それですべて判断できるのかと言いますと、なかなか難しい現状があります。それゆえ実際、当日立候補した人が当選したという事例はなかなか聞いたことがありません。

しかし、今回の第29回党大会に向けての各地区党会議や都道府県党会議では、推薦名簿に載らずに当日立候補した候補者が、落選はしたのですが、全体の2割や3割の票を得るという事例があちこちで続発しています。そういった方々はだいたい、今回の党中央の除名問題やその他各種の問題について、批判なり異論を表明した人なので、少なく見積もっても、党内の3割程度の人々は、今の党中央の路線に完全に賛成していない。疑問もしくは批判の声を持っていると分かるかと思います。

討論集の形骸化

選挙とは別に意見を表明する方法として、個人の資格で党大会決議案に対して意見や感想を述べる冊子「討論集」が発行されます。今回は3分冊に分かれていて、タブロイド版で約100ページ、約300人の意見が載っています。この中身は、もし手に入る方は読んでくださったらいいです。Xでこの中身を全文上げている人がいます。

討論集に載っている意見のうち半分以上は党中央の方針に対する批判や、除名問題はきちんと党大会で議論しなさいということが書かれています。また、民主集中制をどう見るか、志位さんが委員長を続けるのは長いのではないか、さらに各地で起きているパワハラやセクハラの問題など、多岐にわたって今の日本共産党が抱える問題を指摘して、改善の方法を提案する意見が、かなりたくさん載っております。

では、こういう討論集が発行されるなら民主的ではないかという意見もあり、実際、党中央はこういうシステムを取っているから、党大会は民主的に運営されているという説明をしているわけです。しかし実際は、この討論集というのは事前に1回しか出ません。

かつて30数年前、第19回党大会が１９９０年にあり、東欧諸国の共産党政権の崩壊を受けた党大会でした。その時の討論集は10冊に分かれていて、それらが時間差で出る。最初に党中央に対する批判を載せた人に対して、党中央が反論する。それに対して再反論する、そういう実際の討論が一定程度されていた時期もありました。

ただ近年は、討論集の発行が1回だけで終わることが多く、とくに今回に至っては、年末の12月27日にようやく発行されて、希望者の手元に渡るという状況です。しかも広く読んでもらおうというのではなくて、これを読みたい人は事前に党事務所に予約をしなさい、予約をした分だけ取り寄せて売ります、という形になっています。

ネットが普及している時代なのに、党中央がインターネットで通信販売することもまったくありません。これはなぜかと言うと、やはり党中央としては、異論反論が噴出しているのを、積極的に広く知られたくないという意図もあるのではないかと考えております。

実際聞いた話で、ある古本屋さんがこの意見集を70部ほど仕入れて、ネット上で販売したところ、4日間で完売したと聞いております。これを見ても、日本共産党の党内議論をいかに世間が注目しているかという表れではないでしょうか。

ハラスメントや規約に基づかない運営

では、こうした日本共産党の意思決定のシステムに問題があることで、どのようなことが党内で起きているか。たとえばパワーハラスメントやセクシャルハラスメントの問題が起き、また、党規約に基づかない属人的な党運営がされるという事例が、あちこちで起きています。

今はSNS時代ですから、自由に匿名でXやFacebookなどSNSで持論を展開する党員も増えつつあります。そういうSNSで異論を表明した党員に対して、その身元が分かった場合は、地元の党機関から呼び出しを受けて注意をされる。ひどい場合だと、党外に違う意見を持ち出したということで除籍になってしまうという事例も、実際起きております。

こういった姿勢が今、日本共産党というのは、はたして民主的な運営がされているのか、もしこういう政党が政権を取った時に民主的な政権運営ができるのか、という疑念・疑問の声が、国民の皆さん、市民の皆さんの間で、あちこちから出ているわけです。

私が直接聞いた経験を述べます。今、マルクス主義に対しては東京大学大学院准教授の斎藤幸平さんの著書などで広く関心が持たれて、若い人などでも、マルクス主義を勉強して、資本主義社会の問題点をどのように克服していこうかと真剣に考えている人たちが増えています。ただ、そういう人たちが日本共産党の支持に向かわないです。私が直接言われたのは、「共産主義には興味があるけれども、今の日本共産党は支持できない。なぜなら、こういう非民主的な党の体質があるからだ」と。やはり、そういうところを克服していかなければと、私たちは声をあげさせてもらいました。

民主的でない指導部選出

そうしたなかで、志位和夫委員長が20年以上も委員長の座にいるということに対する批判の声も、党外のみならず党内部からもかなり出ている現状もあります。志位さんは、民主的な選挙で選ばれていると世間に対して説明をしていますが、本当に民主的な方法で方針や指導部を決めているのかという点で、実際、国民の皆さん、市民の皆さんの疑問に答えられていない現状があると、私たちは考えております。

参加者の報告

手続き上問題ある松竹伸幸さん除名撤回を

Ａ

Ａ　私は学生時代からの現役共産党員です。この間、学生支部など各地の共産党の支部で活動をしています。支部長をしていたこともありますし、都道府県大会に代議員として参加したこともあります。党歴30年になるので「永年党員」として表彰された党員でもあります。私は共産党員として党の基本政策には常に賛同してきました。選挙で投票する際もすべて共産党の公認候補もしくは推薦候補に投票しています。

ただ、昨年２０２３年１月の松竹伸幸さんによる著書『シン・日本共産党宣言　ヒラ党員が党首公選を求め立候補する理由』（文春新書）の発表とその記者会見について、共産党が彼を強く批判する論文を出し始め、私は気がかりになりました。彼への処分はあるにしても、除名はないと考えていました。しかし共産党は、松竹さんをあっさりと除名してしまった。しかも、手続き上も問題のあるような形で除名をしたことに、私は逡巡しました。

（共産党での）除名というのを説明しますと、共産党内で一番大きな処分となるもので、共産党員としての死刑宣告にほとんど等しい内容です。非常に重たい処分なので、規約上は手続きも何重にもなっていますし、被除名者は再審査も請求できます。

私は、このような拙速な異論の排除は共産党と社会の断絶にもつながるのではないかと危惧し、SNSなどを通じて意見発信をしました。松竹さんの除名に対する批判の意見を上げていると、とくに現役の（共産党）市議会議員などからも賛同する意見がありました。しかしそのような意見に対して、共産党中央と同じ意見の人たちがいっせいに批判を始める光景がありました。

私も初めは一人ひとりと対話をするように心がけていましたが、話がなかなか通じない。同じ時期に、しんぶん赤旗では松竹さんを批判する論文がたくさん出ていた。それに呼応するように、SNS上でも除名反対派に対する否定的な意見が投げつけられる状況がありました。

この状況は、共産党内での多数派による少数派への抑圧ではないかと考えて、非常に恐ろしく感じております。ロジックではなくて、権威主義と物量で少数意見を圧殺するようにも感じました。

これらのことは実は共産党が今まで右派や保守政界から今までずっとやられてきた。結党以来100年間やられていたことでもあります。しかし今、共産党中央を支持する人たちが行っていることは、立場を変えてまったく同じ構図であり、多数派が少数派を圧殺するやり方です。これには私、大変疑問に思っています。

共産党は同調圧力が非常に強い組織になってしまったと危惧しています。こうした形で少数派が抑圧される構図は、またハラスメント問題に対しても――具体的には草加市や富田林市の市議団での問題ですが――共産党はきちんと対処ができなくなっていることにもつながっているのではないかと考えております。

松竹さんについては、党首公選制を主張する本を出す前からネット上で「超左翼おじさんの挑戦」というブログを発信し、私はそれも読んでいます。ただその内容は正直受け入れ難いものも結構ありました。右翼的とみられるネットメディアに出ていたのもあって、私にとってはこれまで松竹さんへの評価はあまり高いものではありませんでした。

ただ、それでも除名はやりすぎです。今回の除名は、先ほど言いました手続き上の問題もあり、何より除名の前後に機関紙でいっせいに彼を批判し始めたのも非常に問題があると考えています。これは共産党が少数の意見を排除しようとしているように、私には映りました。以前2017年に希望の党騒動があった時、小池都知事が「排除」という言葉を使ったために希望の党の動きが失速した、そういうものとも重ね合わせて見えたりもします。

松竹さんの見解への評価はともかくとして、私は除名処分というのを一旦撤回して、きちんと党内での議論に任せるべきだと考えています。「異論があるなら離党しろ」とか「除名は当然だ」という意見もたくさん、この間ネットに溢れました。しかし、そのように仲間を冷たく切り離してしまうような共産党ではなく、温かく異論を内包し、きちんと議論をしていく。内部でも外部でも議論をして、それがよく見えるような共産党になってほしい。このように考えて今回の記者会見に臨んでいます。

市民運動への介入・支配をやめるべき

B

B　私からは共産党による市民運動への介入・支配という問題について発言します。
60年代ごろから平和運動が共産党系とそれ以外みたいな分かれ方をしていて、それをもう一度合流させようとしていたのが80年代前半です。その時に日本原水爆禁止協議会（日本原水協）と日本平和委員会のトップを共産党側がすげかえることで、その共闘の動きを潰してしまったという件があります。詳しいことは、当事者で原水協代表理事を解任され、共産党を除名される吉田嘉清さんが『原水協で何が起こったか』（日中出版　１９８４年）というタイトルで本にしていたり、ほかにもいくつか論文があったりしますので参考にしてほしいです。私はこれを割と最近になって知って、衝撃を受けました。

私は共産党とは仲の良くない団体も入っているような運動に個人的にずっと参加していて、そのことを共産党系の団体で毎月の会議で報告をして、参加してくださいと呼びかけても、議題にすら挙げてもらえなかったことがあります。これは共産党の方から指導が入っていたのではないかという疑念が拭えません。

共産党規約の42条に「同じ団体で活動する党員によって党グループを作ることができる」という規定があります。この「党グループ」というのは、先ほどの組織図にあるように、支部に準ずるような組織です。ただし支部は基本的に上が地区委員会ですが、その団体が地区をまたがるような場合は、党グループは都道府県委員会の直属にあり、さらに都道府県委員会をまたぐような団体の場合は党グループが中央直属という形になります。だから、党の組織から非常に近い関係で直接指導を受ける。「民主団体」はじめいろんな団体に対して、そういう形をとっています。

それだけでなく個人的に指導が行われることもあるようで、松竹さんの『シン・日本共産党宣言』のなかで、実際に民青同盟の代表として松竹さんが国際会議に出ていたときに、独自路線をつらぬけという指示が出て、共闘をしたい松竹さんが苦労したという話が出ています（同書205頁）。私自身がそういう指導を受けた経験はないですが、ほかの党員からはそのような指導を受けたというぼやきを聞いたことはあります。

こういう共産党の姿勢の問題点は2点あります。1つは運動の現場からの最先端でやって頑張っている人たちからのフィードバックが得られないということです。もう1つは、それによって連帯が阻害されるということです。

とくに核兵器廃絶というのは世界的な課題で、しかも日本が中心にありますので、日本の運動が分断されていれば、世界中の運動を分断しかねないと危惧を抱きます。核兵器廃絶について共産党は非常に頑張っているとは思うのですが、その一方で妨害もしていて、アクセルとブレーキを一緒に踏んでるような状態になっていないか、党大会に参加する党員の皆さんに考えていただきたいと思っています。

党内のハラスメント根絶を

C

C　私からは党内のハラスメントを中心にお話いたします。私自身も党内ハラスメントの被害者であり、また別の被害者の方の支援者でもあります。

共産党のこの間の対応の傾向は、共通して党内で一石を投じた人を排除するものです。つまり、ハラスメント被害を訴えた人やそれを支援する人、方針の大きな転換を提案する人などは、その訴えについて現状に何も問題がないとし、機関中枢の特権側にあるとも言える人たちにとって不都合な者として排除するという動きが全国で起きています。党の規約やその運用のされ方が、ハラスメントの加害者や特権を多く持つ側に有利なものになっています。とくに問題と感じるのは、組織の密室性を高めるのと同時にＤＶ（ドメスティックバイオレンス）のような暴力性をも高める党の規約が、人権の観点から問題がある事柄が起きても例外なく適用されていることです。

党規約のなかで、「党員の権利と義務」について記された第５条のうち、とくに多くの党員が利用していると思われる第５条の６「党の会議で、党のいかなる組織や個人にたいしても批判することができる。また、中央委員会にいたるどの機関にたいしても、質問し、意見をのべ、回答をもとめることができる」に対して、これに対応する規約第15条「党機関が決定をおこなうときは、党組織と党員の意見をよくきき、その経験を集約、研究する。出された意見や提起されている問題、党員からの訴えなどは、すみやかに処理する。党員と党組織は、党の政策・方針について党内で討論し、意見を党機関に反映する」は、ほとんど機能をしていないと感じています。

党機関に文書などで質問をした経験を持つ多くの党員が、組織から回答や返事がないことや、待たされたあげく回答になっていないなどの訴えがあります。いじめやハラスメントの被害者や党内で力の弱い人が内部で助けを求めても、また問題提起をしても救いも回答も得られない時、外部にSOSを出さざるを得なくなるのは必然ではないでしょうか？　今回の記者会見もその一環だと思います。

多くの党員が無権利状態におかれ、ハラスメントを放置され追い詰められている現状は危機的に思います。党内問題を訴え、党外世論を助けにして、党の自浄作用を活性化させようと試みることを封じるやり方は、宝塚のいじめ問題で明らかにされた外部漏らしを厳禁とするルールともつながる、いじめの温床となるものと考えます。

共産党議員団や民主団体の党員間で起きている様々ないじめ、パワハラ、モラハラについて党は対応を間違え続けています。たとえば、民商や民医連、医療生協でのセクハラ・パワハラ問題も以前から仲間うちで数多く耳にしておりますが、党が介入することによって、その問題を隠蔽し深刻化させている例も数多く聞いています。

埼玉県草加市で共産党議員が５人から１人に減るに至った党のハラスメント隠蔽問題がありました。さらには２０２３年にニュースにもなった大阪府富田林市の先輩男性議員から後輩女性議員へのパワハラ事件では、党が加害者を一番軽い処分、小池晃書記局長がパワハラで受けた処分と同じ警告処分ですませ、その後に加害者を離党させて無所属立候補をさせ、党中央ら幹部指導のもと加害者を全面的に擁護し、さらには選挙では違法ポスターまで貼り出し、ハラスメントはまったくのデマだと豪語する加害者を、党組織を上げて応援したことがＳＮＳで明らかにされました。

これは明らかに党規約第５条の１「市民道徳と社会的道義をまもり、社会にたいする責任をはたす」に反し、党に敵対する行為は規約第５条の２「党の統一と団結に努力し、党に敵対する行為はおこなわない」とする規約にも反する分派活動です。

しかしその後、党中央委員会も関わったこの選挙のあり方は間違いであったと、中央委員会はホームページ上に発表しましたが（https://www.jcp.or.jp/web_jcp/2023/09/post-141.html）、指導者らを含め誰も処分を受けていません。これらに共通するのは、価値基準の主軸が問題を外に出す＝党に不利益を与えるという観点にあり、人権を重んじる姿勢ではない点が重大です。

ハラスメント被害を受けた党員がジェンダー平等委員会やそのほかの党機関に相談した内容が加害者に漏洩され、被害を訴えた者がさらに陰湿ないじめを受けて、調査もせずハラスメントはなかったと断じるなどのセカンドレイプも行われています。

また党内通報システムによって党と近い弁護士事務所では、共産党を相手とする弁護依頼について、弁護士事務所と党で当然のように情報共有しているとの話もあり、それを裏付ける内容も聞いています。これは弁護士法第23条の守秘義務に反する違法行為です。

党が組織的な介入により被害者を泣き寝入りさせることが常態化している現状に、危機感を感じます。「ジェンダー平等」と「ハラスメント根絶」を政策にも掲げたこの党に期待をしている多くの市民の方への欺瞞であり、裏切りであると思います。

私が求めるのは、公党として人権意識のアップデートです。また被害を訴えた人にセカンドレイプを繰り返していることに対し、真摯な謝罪を求めます。党内では外部委員を入れるべきであるとの提言書も出されていますが、内部情報であるとの理由で具体化されていません。第三者委員会を設置して様々なハラスメント案件の早急な究明を求めます。

また党員として人生をかけて共に闘ってきた同志であるにもかかわらず、理不尽な形で除籍、除名、さらには汚名を着せられ周縁に追い込まれた人たちに真摯に向き合い、その名誉回復と謝罪を行うことを強く求め、この党中央大会で議論されることを望みます。

D　Cさんの言われたことについて補足します。

「意見書」というシステムがあります。共産党員はいかなる党機関に対しても、直接、個人的に意見書を出す権利があります。ただそれが、なかなか機能してないのです。

私が聞いた話でお伝えします。今回の松竹さん除名問題について、党中央がいわゆる「藤田論文」と言われている論文を出しました。そこに除名がいかに正当かというのを党中央が主張する論文なのですが、それに対して意見書を出した党員がいました。それに対する返事が何だったか？　まったく返事ありませんでした。そしてかなり期間が空いてから、党員が所属する組織の長から伝言があり、「返事がないのが返事である」と。なぜかと問うと、「除名問題はこの藤田論文そのほか、党の論文にすべて解明してあるから、これ以上言うことはない」という反論だったとのことです。

これは、おかしな話です。藤田論文を批判する意見書を出したのに、藤田論文に全部書いてあるから、答えは書いてあるという。全然反論していないのです。これは党中央が反論不能に陥ったことの証拠です。そういう、とんでもない運用がされていることを、私からも指摘しておきます。

スターリンのように異論を「反党分子」扱い

E

E　私は支部で幹部はしておりません。ごく普通の党員です。この間の松竹さんの除名で最初に感じたことは、昨日まで一緒に党員だった方に、すごい悪罵が党中央から投げつけられている異様さです。そして松竹さんの釈明などは一度たりとも、しんぶん赤旗の本紙にもホームページにも載っていません。このことに関しては大会議案討論集でも、ある方が非対称性だとすごく批判されています。私どもとしては公平に出していただきたい。まったく知らないところの人間は、その内容を一方的に党中央の論文だけで判断しろといっても無理なのです。

それからもう1つ、たくさんの松竹さんへの批判文書が出されていますが、○○部長などの個人論文ばかりで機関としての内部調整がされていません。私が問い合わせたところによりますと、きちんと組織による会議を行って出したとは思われないのです。民主的でなく恣意的に出したとしか思えないので、そこからもおかしいなと思いました。

私は松竹さんの主張のすべてが正しいとは思いませんが、松竹処分に疑問があるということを、党会議で言うことすら「反党分子」のようにみなされます。私はしんぶん赤旗も配達していますし、機関紙代も党費も払って誠実に活動してきたのに、松竹処分に異論を持ったということだけで、反党分子呼ばわりされるのは、ちょっと解せないです。

私が一番疑問に抱くのは、京都府委員会と京都南地区委員会が除名理由としたものが、根拠としてなっていないということです。

まず、松竹さんが「党首公選制」を発表したということですが、党首公選制については党規約では一行も書いておりません。禁止条項ではないです。禁止条項ではないことをただ発言したことをもって、分派活動だとこじつけてしまって、権力の濫用ではないかと思います。

それから、除名は支部が決定するのが原則です。これは共産党の規約の一番民主的なルールだと思いますが、京都南地区委員会は、「特別な場合」ということで支部から決定権を引き上げました。特別な場合というちゃんと根拠がなければまずいです。そこが不明瞭なままで疑問です。

また、松竹さんが党綱領に違反したという安保・自衛隊容認論。共産党が野党共闘で政権に入った場合、松竹さんが安保も認めるし自衛隊も存続すると言ったことが党綱領違反と書いてありますが、実は2020年の共産党の政治理論誌『前衛』に、志位和夫委員長が小沢一郎さんの政治塾で講演しているときに、志位さんは松竹さんとまったく同じこと、もっと踏み込んだことを言っているのです。これは整合性がなく、でたらめです。松竹さんも志位さんも同じことを言って、松竹さんだけが党綱領違反というのは、成り立たないでしょう。

除名の過程も問題です。私が最も驚いたのは、鈴木元さんに対してもそうですが、「調査」と「処分」が同じ時間で行われているのです。これはあり得ないと思います。初めに「調査します」と言って、そのときの最後に「あなたは除名です」と。普通は調査をして、いったん引き上げて、それから除名を通告するものです。検察だってこういうことをしません。

こういうむちゃくちゃな除名の仕方は、私たち一般の党員に対して恐怖を与えます。何か異論を言うにも上級機関の顔色を窺いながら発言しなければいけなくなる。もう一つ、やはり国民からの信頼が得られなくなります。スターリンと同じではないかと言われてもしょうがないような、こういう除名の過程はよくないと思います。党大会では丁寧に最初から再審査することを求めたいです。

D　Eさんの発言を補足させてもらいます。Eさんの発言のなかで重要な点がありました。松竹さんの除名の問題で、しんぶん赤旗に論文がいくつか載りました。これは不思議なことに、中央委員会など党の正式な機関の論文は1つもありません。すべて赤旗の編集局のなんとか部長とか、あとは日本共産党の中央のなんとか部のなんとか部長の誰々さんという。

本来ならこれだけ大きな問題になっているのですから、中央委員会として表明するというのが筋でしょう。たとえば、1970年代に当時の袴田里見副委員長が突然、週刊誌を使って党中央を攻撃したとして除名になった事件がありました。その際は、きちんと党中央として、反論の文章を党中央の責任で出しています。本来はそうあるべきですが、今回は一切ありません。

党中央の志位委員長や小池書記局長に記者会見で質問があっても、いやそれは京都府委員会に聞いてくれという対応で、こういう不可解なことがあっていいのかと申し上げておきます。

性加害問題を党員と共有したら除籍に

F

F　私は2023年に党から除籍処分を受けました。県委員会どまりと決定された埼玉民医連法人の党員専務による不同意性交と党からの除名処分を、その民医連法人（医療生協さいたま）の職場党員に知らせたことが理由です。私は正式な除籍通知書を求めましたが拒否されました。

性暴力問題の解決は被害者の保護救済と謝罪、そして再発防止です。しかしこの党員専務の性加害は県委員会どまりとされたため、いずれも論議すら始められないままとなっています。それどころか、党員理事長はこの性加害の存在自体を否定しています。

私は問題解決のために地区委員会、県委員会、中央委員会の組織局・訴願委員会・規律委員会・ジェンダー平等委員会に、２０２０年から80通以上の意見・質問・訴願書を送り問題解決のための支部論議を求め続けました。しかしいまだ1通の回答書もありません。問題は深刻な人権問題です。このため私はやむを得ず他支部所属ながら、この民医連の職場党員に支部論議を呼びかけました。

除籍処分を受け、私が中央委員会に送った確認文書の要旨を紹介します。反論や修正要求はありませんので、中央委員会もこれらを事実として確認したものと考えます。

①党員専務による性加害を党内問題として党外（管理会議や労組にも）出させないのは隠ぺいである。

②県の書記長が告発を受けた被害者の情報を加害者側の党員理事長に漏洩したのは、公益通報者保護違反である。

③性被害者に相談や訴えを禁じ、県委員以外に言ってはならないと命じたのはセカンドレ

イプである。

④党員専務の性加害による除名という決定事項を、党員理事長が否定するのを書記長が黙認するのは指導責任の放棄である。

⑤党員理事長が第三者調査を拒否し、職場内性暴力の再発防止責任を放棄するのは綱領違反であり背任行為である。

⑥この党員専務に退職金を支給し自己都合退職を理事会承認させたのは党員理事長の背任行為である。

⑦党員である私からの意見・質問・訴願に回答しないのは、中央委員会の規約第五条（六）「中央委員会にいたるどの機関にたいしても、質問し意見をのべ、回答をもとめることができる」違反である。

⑧意見・質問・訴願に回答せず、党内論議を呼びかけた党員を除籍するのは異論排除であり規約第三条（五）「意見がちがうことによって、組織的排除をおこなってはならない」違反である。

性暴力問題で何よりも優先すべきは被害者の保護と救済であり、性暴力の再発防止であるはずです。しかし党員理事長はこの党員専務の性暴力をなかったこととし、その既成事実化を進めています。性加害を認め除名処分とした書記長までもがこれを黙認し揉み消しに加担しています。

この事例はハラスメント問題を組織内で解決するのは不可能であることを示しています。とりわけ組織内性暴力を組織内で解決するよう性被害者に強要するのは、それ自体がセカンドレイプです。規約第五条（五）「党の決定に反する意見を、勝手に発表することはしない」、（八）「党の問題は党内で解決する」を廃止するか、ハラスメント問題に対しては適用しない現実的な運用が必要です。党内解決がおぼつかず放置している問題すら党外の専門家や他支部の党員への相談を機械的に禁じる規約運用は改めるべきです。

共産党綱領はハラスメントや性暴力のない社会をつくることを謳っています。私は除籍されても共産党綱領「女性にたいするあらゆる形態の暴力を撤廃する」を実践する立場で、職場内性暴力と党員間セクハラの再発防止、被害者の救済、そのための第三者調査を求め、職場支部の党員や全国の党員に働きかけ続けます。

マスコミの皆さんのお力添えをお願いして私からの報告とします。ご清聴ありがとうございました。

党員の権利を保証する規約通りの党運営を

Ｇ　私は、松竹さんが除名されたことについて話します。

Ｇ　松竹さんの除名通知文には、地区の「常任委員会」が処分を決定し、府の常任委員会が承認して、処分が確定したとあります。

私は、ここが問題だと思います。常任委員会は「執行部」であって「決議機関」ではありません。「地区委員会総会」や「府委員会総会」で決められた方針に基づいて職務を執行するのが常任委員会です。自治体の行政と議会との関係で考えれば分かりやすいと思います。常任委員会は、都道府県、地区委員会のなかの一部の機構でしかありません。常任委員会は処分案を決議機関に提案することはできても、処分を決定する権限はありません。

先ほども話があったように、規約には、所属の支部が処分を決めるとあります。ただし、特別な事情がある場合には、中央委員会、都道府県委員会、地区委員会も処分することができるとあります。これらの委員会は機関を指します。機関の一機構にすぎない常任委員会だけで決めたことは規約違反であると、中央委員会に抗議し、処分を撤回するよう指導することを求めました。

中央に意見をあげた大半の人は反応がまったくないそうですが、私には運良く返事がありました。規約で常任委員会は、委員会総会から次の総会までの間、職務を行うのだから常任委員会が処分を決定した、という私の指摘に何ら答えないものでした。加えて、規約第56条「中央委員会は、この規約に決められていない問題については、規約の精神にもとづいて、処理することができる」から、党規約の解釈と運用については中央委員会に権限がある、と聞いてもいないことを書いてきました。

この条文は、規約に書かれてないことについての規定です。書いてあることは、書いてある通りやらなければダメです。書いてあることを好き勝手に解釈し運用できるのなら、安倍首相が安保法制で解釈改憲したのと同じく、党中央による解釈権の濫用です。

この中央の返答に対して、常任委員会だけで決めることができるのなら、府委員会や地区委員会の役割は何なのか？　と再度質問しましたが、それには何ら回答はありません。

そのほかにも規約違反があります。処分を決定する時は、処分を受ける党員はその会議に出席して意見を述べることができますが、これも松竹さんには、その権利が十分に保障されませんでした。その処分を承認する会議でも、処分を受ける党員には意見表明の機会を与えることになっています。これは松竹さんも鈴木元さんも共にされていません。

最も慎重にしないといけない除名処分というものを、稚拙に簡単にやってしまったことに、とくに問題を感じています。

一番言いたいのは、ルールを破ったからと言って、ルールを破って処分していいのかということです。

私も党歴30年以上になりますが、これほど規約を学んだことはありません。松竹さん除名の問題が起こったことで、規約を何度も読み返しました。２０００年に改定された規約ですが、ハラスメント問題もこの間たくさん起こっていますし、時代に合ってないと感じています。今回の大会で改定してほしいぐらいですが、それはもう時間的に間に合わないので、次の2、3年後の党大会では、党規約を現代的なものに改めていくことも、全党で話し合っていけたらいいなと思っています。

D　松竹さんの除名についての話が出ましたので、私から補足します。

今回出された大会決議案討論集の第2分冊の27ページに、京都の北山さんという党員の方が、この除名問題に触れて意見を書いておりります。事実経過も書いてあり、とても重要なので紹介します。

２０２３年２月５日に、京都南地区常任委員会が松竹氏の除名処分を決定し、翌日６日に京都府委員会常任委員会が承認をし、処分が確定しました。

私はこの処分直後にある中央本部勤務員に対し、処分は性急ではないかと意見を送りました。

しかしその方からは、松竹氏の処分は性急ではなく、以前から集団的検討をしていた趣旨の返事をもらいました。

しかしながら、この返事は京都府委員会が除名理由にしてあげた内容と合致していません。

なぜなら、京都府委員会が除名理由としてコメントした４つの点は、１月に松竹氏が本を出版してからの話です。

中央委員会は慎重な集団的検討をしていたのかもしれないです。

一方、京都府委員会としては、党としての態度を早急に示す必要性に鑑みて、最短で処分を承認する対応を行いました、とのことで、慎重な集団的検討をする暇がなかったことを物語っています。

このように書かれています。

松竹さんは京都府内の支部の所属ですから、その除名を決めるのは地区委員会。それを承認するのは府委員会ということで、中央委員会は本来何もかかわる問題ではないということですし、実際、記者会見でも志位委員長や小池書記局長は、それは京都が決めることだと言っています。

ところが、この北山さんの証言によりますと、ある中央本部勤務員は「処分は性急ではない、松竹氏の処分は前から検討されていた」と言っていたということです。これは明らかに松竹さんの処分ありきというのを、前々から党中央の中で考えていて、そして松竹さんが本を出したことをきっかけで、今だ、舵を切った、という重要な証言だと思うので、紹介しました。

記者との質疑応答

※「Q」は記者からの質問

会の構成と趣旨について

Q　「50年党員」と「永年党員」とはどう違うのですか?

D　入党30年経つと永年党員になります。さらにそれから20年、入党してから50年経つと50年党員ということになります。

Q　7人の中で党歴が一番長い方は何年になりますか?

D　50年党員なので50年以上ということになります。

Q　この会の建て付けについて確認したいです。皆さん7人は、この会のために誰かが呼びかけて集まったのか、それとも元々何らかの面識があって集まられたのか?　この会見の準備の話が持ち上がって、どれぐらいの時間をかけて、この会見になったのでしょうか？

D　このなかには元々知り合いの人はあまりいなくて、松竹さんの除名問題以降、問題に関心のある仲間とXで自発的に発言をしていて、SNS上でやり取りをするなかからつながりができて、では今回一緒に問題提起をしようかということで、ある人が各人に呼びかけた感じです。元々そういうグループがあったとか、また、党中央が言う分派活動みたいな、たとえば一定の目標があって、それで結成したということではありません。

Q　皆さん7人がリアルで揃うのは、今日が初めてですか。

D　そうです。

問題解決は可能か？

Q　いろいろ問題提起していただいたのですが、現在の共産党の指導部に一連のこうした問題を解決する期待ができますか？

D　今、党本部にそうした解決能力があるかという点では、私見になりますが、なかなか難しいのでないかと思います。

本来なら規約通りの運営をしていれば、各種の問題が起きた時にそれに則って処理をするということができるはずです。しかも、私たち日本共産党というのは、人びとの人権や権利を大切にするということを主張しているわけですから、それにしたがって、日頃、自民党政治を批判するような形で、その筋で処理をすればいいのに、実際はなっていない。共産党自身が批判をしている自民党のやり方が党内で再現をされていると私たちは見ています。

ですから、これらの問題を解決するには、きちんとその問題点について今の指導部が反省をして、きちんと根本からやり方を変えなければいけないですが、なかなかそうなっていないです。

たとえば第8回中央委員会総会では、党内のハラスメントというのがある、これは本来正常な状態ではないので、きちんと解決する必要がある、ということが報告されました。ただし一般論で終わっています。具体的にはすでに報告があったように、富田林などで非常に重大なパワーハラスメントが起きています。

そういう具体的問題に触れずに一般論で回答して、実際の具体的対応は報告にもあったように、とんでもない適当なやり方であるということから、やはり根本的には指導部の入れ替えや、党大会でその辺も突っ込んだ議論をされることがない限りは、なかなか現指導部では解決は難しいのかと思っています。

処分覚悟で記者会見した理由は？

Q　皆さんは、この活動に人生をかけてきたと感じます。だから除名というのは、どれぐらい重いかというのも、皆さんだから分かると思うのですが、党規約に分派はダメと書いてあるから、おそらくこれをやれば除名に近い処分が出るだろうと、私は過去の取材でそう思うのです。あえて皆さんが、このように集まってやったのはなぜなのか？　この記者会見をやることで最低でも支部などで、松竹さん除名の問題含めて、今のあり方に批判を持っている人たちが本来の民主主義のために声を上げてくれるだろうという思いでやっているでしょうが、あえて党大会の前に前代未聞のことをされて、何を今求めているのか？　もっと多く声を出してほしいということだと思うので、そこをまず一点目にうかがいたいです。

D　今おっしゃられた通りです。なかなか今までは、これは党内問題ということで外に出していけないとか、党内で解決せよと言われてきたのですが、まったく党内では解決しない。

今、たとえば世間を見ても、自衛隊やジャニーズ、宝塚でも内部の告発で問題が明るみに出て、世の中に共有されて、それでようやく解決の方向に舵を切り出す流れがようやくできつつあります。それまでに、すごく時間かかっています。それが残念ながら日本共産党も例外ではなかった。今の日本社会も抱える、そういう非民主的な残り滓が、残念ながら我が党内にも残っていたという現実を目の当たりにして、やはりここで声を上げなければ、本当に党の信頼も失うし、また党自身の存立にもかかわります。

党がなくなったときに、日本社会で自民党政治に対抗する勢力がはたして維持できるのかと考えれば、今こそ立ち上がるべきで、そして党中央が間違っておれば、それをきちんと指摘をして正していくのが本来、共産党員の役割ではないかと思って、このように声を上げさせてもらいました。

B　私個人の見解になりますが、安倍政権が長く続いて、その遺産や負債で、日本社会がいろいろと大変な状況になっていて、その状況をとにかく変えたい。そこで、その変える中心にならなければいけないはずの共産党が、そういう力を発揮できる状況にないことに非常に危機感を持っています。市民からもっと信頼される政党になって、大きくならなければ困る。そのためには共産党自身が自己改革して、変わってもらわなければならないと思います。

ネット上では今でも共産党に対するいろんな不当な攻撃というのもたくさんあり、それはそれでおかしいと思っていますが、それと一緒くたにして、何でもかんでも批判を退けてしまう、党中央の今のあり方が問題解決を遠ざけていると感じています。それでこういう場をお借りして、党に対して改革を、ほかの党員たちがどう思うのか、皆さんどう思っていますかと問いかけたくて、ここに来ました。

F　おそらくここに並んでいる仲間たちは同じではないかと思うのですが、何度がっかりしても、またがっかりするぐらい発言をするだろうと思います。私自身も今、党籍を失っていますが、必ず復党するつもりで働きかけを続けていきたいです。

性被害については、黙ってしまえば本当にないことになってしまう。それでいいのか。綱領と規約にジェンダー平等、女性に対するあらゆる暴力をなくすと掲げ、戦前から女性の参政権を訴えて頑張ってきた先輩たちの闘いがあったのにもかかわらず、性被害を黙って、ないことでいいのか。私はどうしても許せないと思って、今日この場を借りて訴えたいです。

私が抱えている問題だけではないと思っているので、少しでも#ＭｅＴｏｏという声が上がるように、#ＷｉｔｈＹｏｕと言い続けたいと思っています。

G　今の共産党のあり様は、すごく危ういと感じています。松竹さんと鈴木さんの除名問題で、志位さんは、朝日新聞の社説「国民遠ざける異論封じ」との批判に「朝日に指図されるいわれはない」と激高し、「乱暴な介入であり、干渉であり、攻撃だと断じ」て「断固として反撃」すると宣言しました。それを受けて、党長崎県委員会は、長崎新聞が共同通信の配信記事を載せたことを問題視し、抗議したのちに撤回するという失態を演じました。

つい最近では、党練馬区議が、共産党の震災募金活動への批判をXで上げた他会派の同僚議員を、新年祝賀会で「殺すぞ」と脅して問題になるなど、今、党への批判に対してものすごく敏感になり、過剰に反応して、とても攻撃的に対応しています。

かつて、みんなで戦争に突き進んでいったような、そういうメンタリティが芽生えているのではないかと、すごく怖さを感じています。冷静になって、今、自分たちが何をしているのかを、振り返ってほしいです。

C　共産党は自衛隊内部のハラスメントのことでは国会で威勢よく追及したり、ジャニーズの性加害に関しては対策本部をいち早く立ち上げたりしているにもかかわらず、党内のハラスメントや異論に関しての対応は非常に矛盾していると感じています。大義名分として組織を守るためと言われるのですが、もう隠蔽することで組織を守ることはできないことを知らせたくて、この場に私はいます。

それから、党を潰したくてこの場にいるわけではありません。社会のなかで最も周縁化された、あらゆるヘイトや差別を受けている人たちを助けるためにも、党自身が変わらないといけない。そういう局面にあります。

今までハラスメントがなかったのに、今起きてきているのではなくて、ずっとあったのです。党の内部にあるものをしっかりと見つめて、そういうものに対して向き合う、対峙する強さを持つべき時だと、強く訴えたいです。

Ｄ　私から今の質問に補足します。処分の心配をしていただきまして、ありがとうございます。

実際、こういう行動を取ると、処分される可能性は否定できません。だから、私たちは万が一、そういうリスクを背負っても、この問題はきちんと皆さんにお伝えしなければいけないと思って、今日この場を設けさせていただきました。

そして、日本共産党に対して、もっときちんと党内問題を解決しろという世論が盛り上がれば、私たちを処分するということは事実上、不可能になっていくと思います。

また、私は学生時代から共産党員ですので、私の仲間のなかには党中央の勤務員の人、赤旗編集局の人、各地で議員として頑張っている人、いろんな人がいます。そういう人たちから、表立って自分は言えないけど、こういうように声を上げている君たちに頑張ってほしいという声など、本当にたくさん聞いています。

さらに実際、不祥事、セクハラ、パワハラの実例もたくさん聞いています。やはり実際に起こっていることは否定できない事実ですから、こういう問題を一刻も早く解決したいという思いがあって、処分があろうとも声を上げて変えていく。このことを重視して、私たちは立ち上がりました。

改革を求めるマグマは？

Q　そのマグマがどれぐらいありますか？

規約上は、党大会の代議員は都道府県委員会が選ぶと書いています。それで今おっしゃったように、今の都道府県で代議員を選ぶときに、自分で立候補に手を挙げた人たちに2、3割の賛成があったりするケースが続出しています。では、定量的にその部分がどれぐらいあるのかを知りたいです。たとえば、東京であったらどうか。逆に言うと、東京都委員会でたとえば20人を選ぶのだったら、1人か2人手を挙げて、その人に2、3割の支持があるのだったら、その人をやはり党大会に送り込むのが普通の民主主義だと、私は思うのです。だから、民主集中制といっても結局、都道府県からの壁となって、上の方に情報が上がらない。マグマとして支部や地区委員会で、ある程度の数、過半数でもあるか。除名問題について批判的な意見が定量的に、皆さんに呼応する勢力はどれぐらいあるのか知りたいです。

そこが分からなく、その部分が隠蔽されて結局、言論を封じているのだとしたら、都道府県委員会の問題だと思うのです。その部分についての事実関係をもう少し教えてください。

D　この辺は、具体的に我々が全容を掴んでいるわけではないので、具体的には申し上げられませんが、各地の党会議でそういう党中央批判をして立候補した代議員に、票が2割から3割集まっているという状況から鑑みても、全体で2割から3割の党員は、そういう疑問を抱いている人がいると推測をしている、というのが私たちの立場です。

Q　具体的に実際、東京都委員会でその場で2人の方が立候補されて、それぞれ100票以上集まったと聞いています。それも一種の定量的な分析だと思うのですが、それぐらいの情報は確認できますか？

D　東京都委員会に対しては、そういう情報を私も聞いていますけれども、たとえば具体的にどこの都道府県で、このくらい出ているという情報を私たちはすべて知っているわけではありませんので、具体的にお答えするのは現状では難しいです。

Q　東京都だけですか？

D　実際にはほかの県でも、そういう事例はあちこちで起きています。

今後の展開と民主集中制について

Q　2点質問があります。

まず、非常に前代未聞な行動なので、この報道が出た場合、おそらく党中央は無視するか、あるいは攻撃をしてくると思います。そうした行動に対して、皆さんは継続してこうした声を、会見なりでまた続けていくのか、どういった形で働きかけを続けていくという考えなのか？　これっきりではないと理解はしていますが。

もう1つは、皆さんの共通した要求というのは、民主集中制というシステムを改善しろという理解でよろしいでしょうか。それは皆さんの共通の思いとしてあるでしょうか。それとも情報公開といった制度的なものではなく、党の運営を改めるべきだというレベルの要求でしょうか？

D　まず1点目について。今後については、党中央がどのような出方をするかにもなってくると思いますが、私たちとしては、これで終わらせることはせずに状況を見ながら、また場合によっては次の手を打つということは考えています。ただ具体的にどういう手法で訴えるかは、その時になってみないと分からないので、その時はまた仲間と相談して決めたいと思います。

2点目の民主集中制に対する是非については、ここのメンバーでは意見が必ずしも一致しているわけではありません。民主集中制を維持しながらも、その中の運用の改善をしていかなければいけないという人もいれば、もう民主集中制は制度疲労を起こしているから廃止して別のやり方にしたほうがいいという人もいます。

そこは様々ですが、一致しているのはやはり、今の党中央の民主集中制の運用方法がおかしいから、まずそこは、「民主集中」の「民主」よりも「集中」の方に重きが置かれていて、「民主」がないがしろになっている問題が大いに見られるので、そこを差し当たり、今回の党大会で改善していただきたいと訴えたいです。

匿名で身分を隠す理由は？

Q　今、ごく当たり前に普通の批判をしていると思うのですが、それも自由にできないというので、すごく驚いています。今日の服装を見ますと、サングラスをしている人もいれば、帽子を被っている人もいれば、そうでない方もいらっしゃる。こういう会見をすると処分が下る可能性もあると言われるなかで、温度差があるのはどうしてでしょうか?

D　このメンバーのなかには、最初、もう私は実名出しても大丈夫だから、実名で会見しようという人もいました。その一方で、立場上の問題で、今ここで、このタイミングで名前が明かされると、いろいろ困難を生じる可能性があるという人もいます。また、自分は別に正体が明らかにされてもいいけど、自分が知られたところで芋づる式に仲間たちの正体も明かされてしまって、仲間に迷惑がかかることを危惧する人もいます。

そういうことを鑑みて、今回は実名出してもいい人も含めて、実名は出さずに匿名で会見をするという形にさせていただきました。

離党の選択はないのか?

Q　皆さんは人生を賭して試みられていて、やはり大変なことだと思います。皆さんの処分の懸念についての言及がありましたが、今党大会いかん、今後の推移によって、自ら離党を選択される可能性はないか? それぞれお聞かせいただきたいです。

G　難しいですね。場合によってはあるかもしれませんが、今のところ自ら離党することは考えていません。

F　私自身は離党を考えました。地区の役員からも、規約に縛られて言いたいこと言えないよりは、離れて自由に言えというような助言もいただいたこともありますが、考えたうえで、私の行為を処罰の対象とするなら、それを記録に残すという選択をいたしました。

E　私は全然離党は考えておりません。私は職場で表現の自由、良心の自由を闘ってきた人間なので、これを今更、誰がなんと言おうとひっくり返す気はありません。

D　私も離党は一切考えておりません。党の方が処分して追い出すことが万が一あれば、それに対しては闘うつもりです。それがなければ共産党は変わらないし、もし私を党から追い出すということがあったら、それはもう共産党の終わりなのかなと、そのくらいの気持ちで今回やっております。

Ｃ　おそらく党からしたら離党してほしいでしょう。たぶん、その方が楽なので。だから、こちらからは離党しません。声を上げ続けるためにも、そのエネルギーを補給し続けるために、私たちはこうやって情報交換したり、外に発信したりしてエンパワーメントし続ける必要があると思っています。どんどん#ＭｅＴｏｏが来ているので、今日は出てきていないけどこのメンバー以外にも、たくさん仲間がいるので頑張っていきたいです。

Ｂ　私もだいたい同じです。離党を考えた時もあるのですが、むしろ自分をもし追い出すのだとすれば、どういう経緯で追い出すのかをきちんと記録しておく覚悟も含めて、一応残っておこうと思っています。

Ａ　私も共産党を離党することは考えていないです。もし中央から離党するよう勧告があった場合は闘いますし、共産党にもう30年いますので、人生の一部にもなっています。正直、私は名前も顔も出して話をしてもいいかなとも思いましたが、そうすると今の仕事に差し支えがあることも考えたりしました。そのような、いろいろな思いのなかで行動しております。ただ離党させられる状況になったとしたら、党を離れずに残り続けて、共産党の改革のために頑張りたいと考えております。

除名問題で問いたいことは？

Q 皆さんの今のお答えを聞くにつけ、基本的に党の代表、たとえば委員長を選ぶ選挙でも、党員による公開した全員選挙をほかの公党のようにやるべきだと、私も当然思います。それが民主主義のあり方だと思っています。

こういう形で皆さんが改革を言われて、そしてほとんどの人が辞めないということは、皆さんの信念のなかに、たとえば党が掲げる民主主義はもちろんのこと共産主義や社会主義のようなものを、やはり信念として信奉していらっしゃるか、確信的なものがあるから、お辞めにならないのだと思います。

そこから考えて2つ確認したいです。

1つは、皆さんは松竹さんと鈴木さんのことを例にあげて、ああいう人たちを処分するとはけしからんと、主に手続き論から批判されています。しかし政策論から言うと、彼らの会見や書かれたものでは、どちらかと言えば共産党が支持を集めるために、社民党的な部分を含めて右派へもウイングを広げるために、たとえば志位さんも野党共闘のなかで自衛隊と安保も容認するようなことや、天皇制に対しても天皇制をすぐやめませんと、政策でそういうことを言っています。

ところが、松竹さんの主張は、実は立憲民主党の左派の部分と同じような立場だと思いますから、だから彼が批判されたときは、だったら党を辞めて正々堂々と立民に入ったらどうなのかと言われたりもしています。私はその議論は極めて健全だと思っています。

皆さんが、鈴木さんや松竹さんの除名を批判しているのは、手続き論として少数意見も大事にしなさいということをあくまで言っていて、政策をもっと広げるためにウイングを広げるために支持されているわけではないのか、私の確認したいことです。

D　おっしゃる通りで、私たちが松竹さんと鈴木さんの除名処分を批判しているのは、手続き論についてです。松竹さんと鈴木さんの政策論については、ここにいるメンバーみんな意見はそれぞれ違いますので、ある部分では支持もするし、またほかの部分ではこれは違うという意見を、それぞれ持っております。ここの7人だけでも、それだけ意見の違いがあるわけですから、全党になったら本当に意見の違いはいっぱいあるわけで、そういうのはしっかり議論を戦わせればいいではないかと。議論を戦わせたうえで一致できるところから、全党で行動していくとすれば、行動の統一はできるわけです。だから民主的に異論・反論が飛びかう議論、激しい議論をすることと、党として行動を統一させるとは両立すると考えていますので、この辺きちんとできることを求めています。

共産党の信念にこだわる理由は?

Q　そうすると、少なくとも共産党が独自のほかの立民とも違う政党の特徴として、1つは「共産党」という名前にあるように、「共産主義」を掲げているということがあります。そのことと、やはり特徴的には自衛隊と日米安保条約ははっきり容認していません。天皇制も差別の根源として厳しく批判しています。これはほかの政党は言ってないわけです。そういう点に、皆さんは信念としては共通していると理解してもいいですか?

D　その点は人それぞれだと思うのですが、ただ少なくとも言えるのは、今、日本にある主要政党のなかで、資本主義社会が最終的な固まった制度ではなく、資本主義社会を乗り越える次の新しい制度や社会づくりがあるのではないかと考えている点では、日本共産党はほかの政党にない特徴を持っていると思っていますので、その辺については、ここにいるメンバーは一致できると思います。

ただ資本主義を乗り越えた先の社会、新たな社会というのが、どのような形を取るのかという点については、それぞれ意見もあるかと思います。マルクス主義を標榜している人たちの間でも、たとえば斎藤幸平さんは、日本共産党の公式の立場とは相当異なった立場をとっておりますが、そういう資本主義社会を乗り越えた次の社会を展望している点では、共通していると思っています。そういう意見、未来社会はどうなるかという点においては、このメンバーでもいろいろ違いはあるでしょう。

討論集で実質的な議論はできるのか?

Q　先ほど民主集中制の話のなかで、大会議案討論集が載っている新聞があるそうで、みんなこういう不満持っているのだとか、こういう事例があるのだということを、全国の党員の皆さんが知ったうえで、個々の職場や学園で議論を戦わせて集中していくのが建前と思うですが、討論集が出たのは12月27日だったということは、そのころには地区の集まりや討論は、もうほぼ終わっているということですね?

D　そうです。

Q　それはおかしくないでしょうか?　先ほどおっしゃった1990年の党大会では全然違ったということですね?

D　はい。

Q　つまり皆さんは、討論集に載っている意見を知らずに議論に参加していたという、滑稽なことが起こったということですか？

D　おっしゃる通りで、12月27日とはどういう日かと言えば、それはもう年末押し詰まって、そして、党大会に向けての地区党会議、都道府県党会議が開催されたのも、だいたい12月の第1日曜日から第3日曜日くらいにかけてというのが全国的に多かったわけです。東京都党会議は年明けになってからですが、それはむしろ例外的です。だから、あらかた都道府県党会議も終わった時点で討論集が出されても、全然議論する時間がなく、まさにご指摘の通りです。

そして1990年の党大会では、私の記憶に残っているから言いますと、具体的に何か月空いていたかまでは覚えてないですが、とにかく10回に分けて10分冊も時間差で出て、前の一番目に載った意見集に対する反論が、次の次くらいに載ったりしていました。そういう時代に比べても、大変後退をしていると指摘したいと思います。

Q　1月15日の全国大会でちゃんとした議論として民主を集中させることは、皆さんできるとお考えでしょうか？

D　それについては、私から言いますと、なかなか難しいのではないかと。だから結局この討論集というのは、ただのガス抜きではないかとも言われています。

また、以前から党大会の度に出されていている意見、たとえば民主集中制、党名変更、政党助成金をどうするか、社会主義・共産主義の未来社会をどのように捉えるかという学術的な側面からの批判というのも、もう前々から何回も出るたびに載るのですが、そういった議論が反映されることは、もうほとんどないです。

以前の党大会で、かつて日本共産党が同性愛は社会的退廃だと決定したことに対して、それは誤りだったと、ジェンダー平等を進めていくと自己批判して撤回したことはありました。そういうのは例外的なことで、だいたいは過去の誤った方針を、しれっと言い直すみたいなことの方が多いかと思います。

立候補があった場合の選挙方法は？

Q　大会代議員への立候補者が現れた場合、候補者間の平等というのは、具体的に保障されているのでしょうか？

D　立候補者が現れた場合は、形式的にはそれは一緒に名簿に載りますから、形式的には平等です。ただ、事前に党機関が事実上推薦した名簿に載っている人と、新たに自分から手あげた人となったら、実質的には不平等です。

出席している代議員からすれば、推薦名簿に載っている何十人それら全員についてよく知っているということはほとんどないわけです。そして、新しく立候補した人に○をつけるとなると、推薦名簿に載っている人の誰か一人には○をつけられなくなり、そこでどういう判断をするかとなったときに、新しく手を挙げた人のことはよく分からないから、やっぱり推薦名簿の方にしておくということになってしまいます。

しかも、新しく立候補した人が意見表明する場は、その会議のなかで数分間与えられるだけで、それできちんと主張を伝えられるかという問題もあるわけです。人の意見を変えていくには、そんな数分間の意見を聞いたくらいで変わるものではなく、継続的な討論を通じて影響力を与えてくものだと考えれば、やはりその辺でも推薦名簿に載っている人とそうでない人の間では、非対称性が表れていると考えています。

Q その場合、立候補した人は「僕は今度立候補しようと思っているけど、何々君。僕と議論して、自分の議論を鍛えてほしい」と仲間で相談をすることは許されるのでしょうか?

D 事前に仲間を募ってそういうことをやると分派活動にあたると、規約に抵触する恐れがあります。

Q ということは、共産党が「もっとも民主的で合理的」な選挙をしていると言っているけども、普通の一般の人が考える選挙とはまったく別のものという考えでよろしいでしょうか?

D　そうです。違います。だから、たしかに規約上は選挙で選ぶとなっていて、実際、選挙で選んではいるのですけれども、その選挙のやり方が、たとえば朝鮮労働党や中国共産党の選挙に似ていると、よく引き合いに出されるわけです。自由な立候補をして、きちんと自分の意見を広める機会を設け、意見を広めて人々に影響を与える機会を保障されなければ、本当の自由選挙にはならないと思います。そこのところを意図的に隠して、触れないで、形式的に選挙がされているから、我が党でも選挙していますと、印象をつけようとしているのかと捉えています。

Q　党首などの選出について、今回の大会で志位さんや田村さんは新しい役職につかれるという報道があるわけですが、その選ばれる議論の過程や瞬間、運用方法についてうかがいます。たとえば、普通の選挙ならば選挙公報にそれぞれ何字以内に提案を載せて、ポスターを貼って、候補者討論会などがあります。そのことを通じて選挙民は候補者を知ることができるわけです。皆さんは党内での選出方法について、ご存知なのでしょうか?

D　いや、我々も分かりません。中央幹部会員クラスの人なら知っているかもしれませんけれども。私たちのレベルでは分からないし、中央委員のレベルでも、その辺は事実上ブラックボックスではないかと思います。

Q　立会演説会みたいなものはなくても政策発表の機会、自分の政策を立候補するときには発表できる機会はありますか?

D　もうそれはもうほとんどないかと。形だけ数分間与えられることはあるかもしれませんけども。

組織体質の問題はいつから認識したか?

Q　Dさんの応答のなかで、これまで共産党がしれっと変えてきた体質・組織の問題は、今回の松竹さんの除名問題が起きた時点で認識したのか、それ以前にも感じていたけれど、やはり党として意思統一を図らなければいけないからということで、頭のなかから消し去っていたという認識なのでしょうか?

D　その点についていては、ここにいる7人のなかでは、それぞれ温度差や違いはあるかと思います。

私の場合を申し上げますと、私は30年以上党員をしていますけれども、正直言って1990年代の頃から少し自分の感覚と違うなという点が散見したというのはあります。とは言っても、やはり全体的には党中央の言っている方針を支持していましたから、それはやはり自分の学習が足らないのかなと、若いうちは思っていました。

もう少しその辺の疑念が明らかになってきたのは、２００４年の第23回党大会です。当時の不破哲三議長が中国に行って、中国共産党との関係がだんだん改善されてきた頃です。１９８９年に天安門事件があったときは、もう中国共産党は社会主義から完全に逸脱したと、日本共産党は厳しい批判を加えたのですが、２０００年代に入ってからは、中国は「市場経済を通じて社会主義の道を探求している」と当時の不破議長が評価して、それが党の決定に反映されました。私は正直そうなのかなと疑念はあって、中国共産党は社会主義を目指しているとは言えないのではないか、ただ普通に共産党一党独裁の資本主義国家ではないかと思い、実際、支持者や党外の人に説明するときに、そのように個人的には説明していた時期もありました。

それが２０２０年の第28回党大会で、ようやく党中央も中国共産党は本来の社会主義・共産主義の道から逸脱して、抑圧・弾圧傾向を強めていると、また評価が変わりました。その評価が変わったのを、２００４年の不破さんが提起した際、評価が誤っていたから変えますと言うのではなく、２００４年時点で不破さんが「解明」したその路線は正しかったけれども、中国の状況が変わったのだから、日本共産党中央の誤りはないと表明しています。

C　簡単に言うと「謝れない病」だと思います。それが脈々と続いてきて、今にいたるのかなと感じています。

F　もう他界しましたが、私の両親は１９５０年代初頭に入党した古参の共産党員で、無年金者になっていました。なぜなら、50年代初頭に共産党は、年金というのは国家が責任を持って払うべきであって、国民が年金を払うのは二重搾取だから反対だと方針を出したからです。このため、50年代初頭に入党して一度も勤め人にならなかった真面目な党員のなかに無年金者が生まれていて、その何人かのうちの二人が私の両親でした。これについては、いつの間にか共産党の専従さんも年金を払って受け取るようになっているのですが。一度たりとも方針が誤っていて、無年金者に対して党が責任持って生活を云々ということはなかったです。両親は真面目に頑張り続けて息子の私も共産党員にしたわけですけれども、このことはずっと許していなかったです。

B　核兵器の問題で60年代の運動分裂のきっかけの一つになったのが、日本共産党が、ソ連の核はアメリカ帝国主義に対抗するための核だから綺麗な核なのだと言って擁護したことが、一つの原因になっていたのですが、そのことをずっと隠していました。そして、しれっとすべての核兵器に反対という立場に変わっていました。これについては、ごく最近になって『日本共産党の百年』編纂の段階で謝罪をするようになって、このこと自体は評価しますが、いくらなんでも遅すぎる。

それから、たとえば在日朝鮮人に対する差別のことでも、２０１１年から13年にかけて在特会という団体が非常にひどいヘイトスピーチを街頭で撒き散らし出した頃に、共産党はこの問題をまったく取り上げなかったのですが、２０１３年、14年にカウンター運動が盛んになってきた頃から、いつの間にか取り上げるようになりました。当初まったく無視していたことについての弁明はありません。これも、しれっと方針を変えた一例かと思います。

もっと遡れば在日朝鮮人と共産党の関係、私も今調べているところがいろいろあるのですが、まだこの辺について私は勉強中です。

Q　ということは、やはり個人の考えを押し殺して、個人の考えよりも、党全体の利益というのを考えて、先ほどお話いただきましたように離党を考えていないというのは、そこが微妙なジレンマというか狭間にあるのか、お聞きした正直な感想としてあります。

D　そうですね。それはあるかと思いますが、これは別に日本共産党特有の問題でなく、皆さんも会社にお務めだったりしたら、誰もが抱える問題だとは思います。しかし、共産党は人々の自由や人権を重視する政党ですから、党内の言論についてもできるだけ自由にすべきです。組織人として統一して行動しなければいけない局面がありますけれども、できるだけ考え方を自由に戦わせる風土があるべきではないかと思っています。

昔は闊達な議論があったのでは？

Q　共産党の規約では、基本的には党内の問題は党内ではいくらでも議論していいけど外には出さないと。「鉄の規律」のようなところがあるとは思います。それを同じ規約でやってきているわけでしょう。そういうなかで、こういう会見が開かれること自体は、私はやはりすごいことだし、皆さんの覚悟には敬意を表します。

逆に言うと50年党員、30年党員の方がおられるけども、かつては党内ではもう少し民主的で自由闊達な議論ができていたのに、今は内側で目詰まりというか、閉鎖的・教条的になり、楽しくなくなっている。どこで、こういうふうになってしまったのか？　松竹さんの除名が一つのきっかけだけど、ここ10年、20年で共産党が昔のような元気をなくしている過程で起こっている現象だと、私は思っています。30年、50年やってきた人にとって、過去の共産党の内部の議論、それはもっと闊達だったのではなかったか？　今は風通し悪くなっているのでしょうか？

D　私は1990年代、学生の時に入党しました。私が行った大学は、共産党員がたくさんいる大学で、学生党員はすごく元気でした。会議のときは方針や中央の議論を見ても、それを鵜呑みにするなんていう気風はまったくなく、中央の言っていることだろうがなんだろうが自由闊達に、これは違う、あれは違うとか言いながら、でも最終的には、中央の方針で行こうとなって、選挙でも、学内の自治会やそのほかでも頑張るという気風で私は育ちました。

それから年が変わって田舎に帰りました。私の田舎の共産党はどうかと言ったら、まったく学生のときの雰囲気と変わります。まず、そういう理論的な議論がなかなか苦手な党員さんが多い。要は、理屈から党の綱領規約に共感して入党するというよりも、たとえば地元の議員さんに生活相談でお世話になったから入党するというような人たちが多いので、なかなかそういう議論は苦手。そのかわり選挙では献身的に頑張る人が多かったので、まず、その辺のギャップが1つありました。

もう1つ思うのは、それでも昔は「独習指定文献」という、共産党員はこれらを読んで勉強しようという文献がいろいろ指定されていましたが、2000年代に入ってからそういうのがなくなって、社会主義の理論学習をすることが昔に比べて弱くなってきました。そこが弱くなってきたところで、そういう世の中の状況、またはもう踏み込んで日本共産党の抱える状況をありのままに見て、闊達に議論をするのが、力量的にも難しくなってきたのかなという点があります。

党内で自由にものが言えるのかという点では、自由にものが言うのは言えます。共産党員は都会でも田舎でも、本当に一家言ある人が多いので、異論を普通に言う人は少なくありません。ただ問題なのは、異論が出たときにそれを党内である程度集約して世論にできるかどうか。それはこれまでも説明した通り、今の党の仕組み上では、異論を集約して一つの世論として党内の全党議論に載せるということが、なかなか難しい。ほぼ困難になっている現状があります。

そういう現状は、議論を集約して戦わせる方がいいのでは、というご意見を記者の方からも伺いましたが、その点は私たちもそのように思っています。今回の党大会で制度を今すぐ変えることは難しいですけど、運用の方を柔軟にして、実際いろんな問題が起きて隠しきれなくなっているのですから、そういうことに対しても真正面に向き合って議論してもらうことを期待して要望をします。

A　私も30年ほど前、学生時代に入党しました。過去との比較で言うと、所属する支部の性格にもよるとは思います。学生支部の場合、若いので闊達な意見を出し合いますし共産党の批判もしますけれども、地域のなかにある居住の支部はとてもそういう雰囲気ではなく、同調圧力も非常に強いです。そのかわり、とてもアットホームで温かいところでもありました。

30年前の私が今回の記者会見を見たら「こいつら共産党を破壊する、なんてひどい奴らだ」と思ったかもしれません。そういう意味で私自身の意識がいろいろ経験を積んだなかで変わったと思います。昔と比べて以前はよい議論がされていたというわけではないかなと思います。やはり支部の特性によると思います。

B だいたい先に話された方と同じ感じで、私自身は自由に言わせてもらっていたと思っています。割と組織の言うことに従うのではなく、自分個人でとにかく動いていましたので。ただ、こうやって自分自身の視野が広がって、全体を広く見るようになったなかで、これはおかしいなと思うことが少しずつ増えていって今に至るという感じです。

C 私はおそらくこのなかで一番党歴が短く、年齢的にも若いですので、今、皆さんの話を聞いていても感じるのは、長くなってきていることの弊害ではないかと感じています。

同じ人が同じポジション、同じ地域に居続けています。たとえば民青から民青の委員長になって、次は共産党の地区委員会の専従になる。地区委員会の専従から地区委員長になるなど。それは何を示すかというと、民間企業など社会人として働いた経験を持ってない人がかなり多いということです。その問題を多くの党員や議員らも指摘しています。だから一般常識に欠けているのではないかと。すべての人がそうだとは当然言わないですが、電話対応など含めても感じているところです。

また、党組織で働くことになった専従は、党からお金をもらっている以上、党に対して違う意見が言えなく、そういう意見を支持する立場に立たないことが起きているのも、風通しの悪い状況です。中央委員会から地域の委員会まで、委員長を互選で選ぶという開かれた選挙が行われているとは到底言えない状況ですから、もう上から下まですべてに通じています。独自でされているところもあるかもしれないですが、私は聞いたことがないので、風通しが悪いです。

E 私は一番党歴が長いので、言わなければならない責任があると思います。私が入党した当時は、とにかく職場での労働運動が盛んで、私の人生の大半はそれで過ごしました。そのときはもう本当に自由で、我々の労働運動を支えてくれるのは共産党しかありませんでした。ただ2000年頃から労働運動はじめ大衆運動が非常にすぼんでいきます。市民運動も。そうすると党中央がやることは党勢拡大、党組織の強化というのが主で、市民的な運動の人とつながる面が非常に少なくなっていったと思います。もう共産党系の大衆運動組織は、名前を聞いただけで分かりますよね。新婦人（新日本婦人の会）とか。そういうのではなく、もっと幅広い大衆的な市民運動と繋がって、共産党もそこと一緒に政治を変えていくことをやらなければいけないのですが、そこがなかなかできてない状況です。

民主集中制をいずれ少しずつなくしていかないと、高度に発達した資本主義にある政党としては、市民感覚とのずれが広がり続けると、私は思っています。大衆運動や市民運動をやっていく場合には、そこのところはいずれ変えていくというのが、課題になってくるとは思っています。「市民連合」の方に聞くと、イギリスなどの大衆運動は様々な潮流があって、そのなかに政党との関係もあるそうで。そういうものを今後展開していかないと、とても今の状態だけではやっていけないでしょう。

F　私が子どもの頃の60、70年代、親は楽しく活動していたと思います。ビラを配れば配るだけ共産党の議席が増えるっていうようななかで、子育てよりも、世の中を良くした方がこの子の幸せになるみたいな、そういう錯覚も抱きながらも楽しかったと思います。戦後、戦時中の教科書を墨で塗った世代だったので、ビラを配って共産党が増えていくことが、おそらく生きがいでした。子どもも可愛いけど共産党が大きくなる方がもっと嬉しいみたいな、言いすぎかもしれませんが。

ハラスメントは、おそらく昔からあったと思います。もっとひどいこともあったと思います。党の新年会が終わると、男衆はみんな酔っ払ってカラオケに行ってしまうけど、後始末するのは女性党員だけみたいなことは、共産党のなかにもありました。私が茶碗を洗おうとすると「男の人はそんなことしなくていいのよ」と、おばあちゃん党員が言うみたいなこともありましたから、性差別はもとよりハラスメントはあったと思います。でも、それを上回るメリットが感じられた世代があったのだろうと思います。

G　自由な意見は支部レベルでは、かなり活発にされ、本当にそれぞれ好き勝手に言っています。一方で地区委員会、県委員会となると状況は変わってきます。中央委員会には、いたことがないので分からないですが。常任委員会が出した方針案に反対意見や疑問を呈すると、文句言いなどのレッテルを貼られます。私も方針案に反対意見を述べたとき、討論時間中には何ら反論はなく、討論を締め切った後の委員長による討論のまとめで罵倒されたことがあります。そうした扱いを受けると、次も意見を言おうという気にはならなくなってしまいます。そうした実態が機関のなかにはあります。全部がそうとは言いません。ちゃんと好き勝手言っているというSNS投稿もたくさんありますし。私の実体験では、そうやって自由な議論を封じるような圧力がかかる場合もあるということです。

昔は、よく学習していたと思います。先ほど独習指定文献の話もありましたが、「党学校」など学習の場を中央もたくさんつくっていましたし、「赤旗まつり」も毎年やっていました。志位さんが委員長になってから赤旗まつりをあまりやらなくなりましたが。そうやって、たくさん学ぶ場がありました。

宮本顕治さんの頃は、決議文などのなかに「客観的情勢の成熟」とか、ちょっと難しい言葉が1つ2つ入っていて、それが議論のきっかけになりしました。いろんな議論ができる方針の出し方をかつてはしていました。今は分かり易い文章を意識しているので、反対に、すっと読めてすっと流れていってしまい、なかなか方針の討論も盛り上がらないというのが、2000

年ぐらいからの傾向と感じています。

もう1点、内部問題を外に出さない、党内で解決するという規約の規定について、埼玉県草加市委員長で除籍された中島束さんのブログに書いてあったことによりますと、なぜこの規定が組み入れられたかというと、「50年問題」のときに、共産党内のゴタゴタをほかの団体にまで押し付けて混乱させた経験から、党内の問題をほかの運動団体に押し付けてはいけない、党内の問題は党内で解決するのだということで、この規定が入ったのだと解説をされています。私もその解説は本当に納得がいきます。

ただ今の党全体はそうではなくて、とにかくハラスメントなどは外に持ち出すな、人に話してはいけないみたいな解釈をしています。それは、規約の恣意的運用で間違っていると思います。

不文律な掟があるのか？

Q　先ほどから、党組織の横にいる人に言ってはいけないとか、外の人に言ってはいけないとかありますが、感覚的に分からないから、うかがいます。

マスコミ業界も結構古いムラ社会なので、セクハラやパワハラがあったら、うちの部で起こったことは、うちの部でできればうまく穏便に片付けたいとなります。人情的なものはどこもあるし、それが強すぎたりして裏目に出たりすることもあります。正面切って「どんなに辛いことでも外に持ち出したら首だからな。言うのだったら辞めてから言え」ということを、パワハラやセクハラする中間管理職が言うことはあっても、社長や人事部長がそんなことを言ったら、もう完全にアウトなので、そんなことはないと思うのです。宝塚歌劇団のパワハラ事件でも、先輩と後輩の仲でのことを外に出すなという不文律があったらしいですが、宝塚という会社が正式にそんなこと言ったら終わりだと思います。

そこで質問です。セクハラやパワハラを外に出したら首だ、もしくは除名、辞めてから言いなさいなどということを、党の中枢の責任ある人が正式に答えたことがありますか？

D　ないと思います。

Q　そういう組織だと、これから若い人に来てほしいと言えなくなりませんか？　ヤクザ組織なら、親の言うことを子は絶対に従うことを覚悟して入れという掟がある。むしろ最初から掟を言ってくれるからフェアであると思うくらいです。

一番微妙だと思うのは、横に話してはいけないということです。たとえば、北海道の党員が沖縄の党員と親しくなって「今の志位さん長いよね」とか「今のあり方変えなきゃいけないよね」という話をしたら、規約違反だと正式に言われているのでしょうか？

D　正式には出てなくて、運用でそうなっています。ただ、横の繋がり＝「水平的交流」の禁止は、昔からはだいぶ緩くなっています。たとえば「真ん中世代」と党が言う30代から50代の党員を、支部を超えて集めて懇談会をやるのは普通にされていますので、昔よりは緩くなっています。

Q　緩くなっているというのは、ルールとしてあるわけではないということですか？

D　運用の変化ですね。

Q　たとえば、ＳＮＳで沖縄の党員と北海道の党員が、外から見えない形で「党のあり方っておかしいよね」「この人ちょっとまずいんじゃないか」みたいなことを言ったら、ダメだから処分の対象だと正面切って言われたり、もしくは、そのように問うた人は誰もいないということですか？

D　具体的にそういう方針が文書で出されたことはありませんが、Ｆａｃｅｂｏｏｋで日本共産党を批判的に考えるページを主宰していた党員が除籍になったことが最近ありましたので、運用で事実上の処分などが現れ始めています。

Q　では、どちらなのかはっきりしないっていうことですね？　ヤクザ組織みたいにちゃんと掟を言ってくれていないのですね？

D　そこは人間関係や力関係など、いろんな要素があるかと思います。

ハラスメントへの対応について

Q　Cさんにお伺いします。先ほど小池書記局長のハラスメントの話もありましたが、小池さんは田村智子さんに対するハラスメントを認めて謝罪はしていましたが、小池さんの対応が十分だったのかということと、田村さんが委員長になったら、ハラスメントに対して党が変わっていくのか、期待感があるのか教えてください。

C　田村さんは、小池さんの言動をハラスメントだと感じなかったということで、まずそこで声を上げられなかった。そしてSNS上で多くのそれを見ていた方々から指摘があって、小池さんの謝罪に至った際にも、パワハラとは感じていなかったと、さらに言われるということがあり、非常に人権意識が低いと言わざるを得ないです。多くの被害経験のある党員や離党された方が、そのように意見をしています。

田村さんが今、委員長になるかもしれないと言われていますが、私自身が支援をしているなかで、被害者の方が田村さんに相談のために電話しても、折り返しの電話をいただけなかったこともあり、残念だなと感じています。ただ、期待をしている気持ちは捨てたくないという意味で、党大会で議論もして、こういう声があることを田村さんにも知っていただき、党委員長になられるのであれば、その辺をしっかりと改善してほしいと思っています。

性加害隠蔽について

Q　Fさんに、具体的な性加害の概要を話せる範囲でうかがいます。党執行部から見たら、Fさんは誰なのかが記事になったら、すぐに分かると思うのですが、それでもよろしいでしょうか?

F　具体的にと言いますと、ある法人のトップと言っていいです。トップの役員による性加害でして、断れない状況に追い込んで性行為・性的関係を強要したり、採用面接で来た女性の求職者に対して、「この後、飲みに行こうじゃないか」と声をかける就活セクハラであったり、同時多発的にたくさんのことがありました。

それから、私は「処分」ではなく「除籍」という「措置」を受けた身とされているので、外野が何を言っているのだということにもなるでしょうが、ただ私が支援している女性や、それから私への打撃を通じて我慢している女性に、さらにプレッシャーかかっていくのは、どうしても避けなければならないと考えています。深刻なのは、性加害行為を法人にも党組織にも口外してはならないという箝口令が敷かれていることです。このことを、より詳しくお伝えします。

埼玉県委員会の書記長が、セクハラ被害を受けた女性党員に宛てた文書があります。私が県委員会から聞いたのでなくて、中央委員会から聞いています。中央委員会が認識した文書なのか確認したら、そうだと答えた文書が手元にあります。少し省いて読みます。

党としては加害男性を除名したことを改めてお伝えします。

党の判断などは、内容はいつでも会ってお話しできますので、気軽に。

他県の党員にこの問題について連絡し、この党員を（私Fのことですが）介して連絡させる等の対応はふさわしくありません。

今後そうした対応は控えてください。

党が除名した事実を他の党員を含む第三者に伝えることも控えてください。

党が性加害者を除名した事実を、ほかの党員を含む第三者に伝えることが、二次被害の拡大を含め問題解決に逆行しかねないものであり、控えるようにしてくださいということなのですが、二次被害の拡大というのは、被害者へのセカンドハラスメントのことではなく、党の評判が落ちるという意味だと解釈せざるをえません。むしろ被害者が党内外で問題を告発することを禁止して二次被害を与えているのです。

県以外の人には言ってはならない、黙っておきなさいという文章ですから、これが党公式の文書だったらまずいので、取り消さないとまずいと言いましたけども、取り消さなかったです。これは県委員会が被害者女性に送り、中央委員会が他県の所属党員にある私に言ってきたもので、共産党としての公式文章なのです。

Q　Fさんにお答えできる範囲で質問です。今回の記者会見で一番重大な問題だと思います。なぜなら性加害行為なので明確な犯罪ではないかと。そして、犯罪を党が隠蔽しているのではないかと。かつ、それはある法人、どういう法人なのかによりますが、そこの党員も隠蔽をしたということになると。そして、その法人の党員を通じて、政党が法人内の重大な問題に介入をして隠蔽したという背任行為にならないのかというところです。

かつFさんは何十通も中央委員会に、たとえばジェンダー平等委員会にも送ったとしたら、当然ながらその担当の方で責任者がいらっしゃいます。中央委員会ですからトップの常任幹部会には委員長の志位さんはじめ、田村さんや小池さんなど国会議員がいます。担当の方にも国会議員がいて、Fさんは質問や意見を出していると思いますが、それら一切答えないということは、国会議員である幹部も、党員の犯罪行為を隠蔽していることを知っていて、何もしないままにある。かつ、所属をまたいで発信しているから規律違反だとしてFさんを除籍した、というような構図なのでしょうか？

Ｆ　まとめていただいたような、その通りだと思っております。被害者は明確に性加害行為をされても、党の評判を下げたくないし、それから被害者のいろんな複雑な気持ちもあって、警察に通報したり、裁判に出るということを、今のところしないでいます。しかし党はそれを逆手にとって、規約を理由に他言するなという圧力をかけてきています。

ジェンダー平等委員会委員長で京都選挙区選出の参議院議員の倉林明子さんや、同副責任者で弁護士でもある東京選挙区選出の参議院議員の山添拓さんのお二人にも個別に、この状況についてなんとかしてくれとお手紙を3通出していますけども、1通も返事は来ないというのが残念ながら実情です。

第２部
再びの記者会見
第29回党大会を終えて
2024年２月15日

基調報告

はじめに

F　本日は「日本共産党の全国大会へ　全党員と市民の注目を党員・有志から求める会」の記者会見にお集まりいただきまして、まことにありがとうございます。私が司会を担当いたします。

前回取材に来られた記者さんもいらしてくださったと思いますが、前回と同様に全員匿名の記者会見なので、便宜上A～Kまでアルファベットをふっておりますので、特定の人に質問される場合は、何さんについてと伝えていただきたいです。

また、匿名会見ということで、プライバシーの確保に最大限のご配慮をください。正面からの写真を撮る場合は撮ってもらってもいいですが、モザイク処理の加工をかけて顔がわからないようにお願いいたします。背後から撮っていただく分には構いません。音声も使う場合も加工ください。この会見の様子は当会で、プライバシー処理をした上でYouTubeに公開する予定です。

私たちがどのような人かということですが、今回11人の参加となりました。現役の日本共産党員9名、除籍者が1名で離党した人が1名の合計11人となります。元地方議員、現職の地方議員、専従職員だった人も含まれます。

前のテーブルに私たちが党員であることを証明する物品をお持ちしたので、2分間確認の時間をとりますので、確認されたい方は前の方にお越しください。ここに並べてあるものを確認してもらうのはOKですが、写真の撮影だけはしないでいただきたいと思います。活動している様子の写真、永年党員証という30年以上在籍している人に渡されるものと、党費の納入帳です。

大変残念だった第29回党大会

なぜ、この会見を持ったのかを説明します。前回の私たちの記者会見で日本共産党の第29回党大会に注目していただきたいと申し上げました。党大会は先月開催されましたが、その結果は大変残念なものと、私たちには見えています。

前回の記者会見で私たちが表明した期待——国民の皆さんの意見を聞きなさい、党内の異論に耳を傾けなさいといった期待にまったく応えることはありませんでした。党内外からの批判や進言に対し、これらをすべて「反共攻撃」と退け、党内の批判者に対しても、敵意と排除の意思をむき出しにする異常な大会運営に終始したと私たちは見ております。

不当な除名の批判者を「こんな連中」と罵り

具体的にどのようになっているのかと言いますと、大会1日目で、福岡県委員長の内田裕さんが発言しました内容は、ざっくり言いますと、松竹伸幸さんが除名になって、松竹さんが共産党に対する攻撃を煽っているが、党内の批判者もそれに乗せられた人間だということで、そういう人たちをひっくるめて「こんな連中」と、汚い言葉でコメントしました。

除名処分の再審査を門前払い

大会2日目には、神奈川県議会議員団長の大山奈々子・大会代議員が、松竹さんの除名問題について市民からいろいろな意見が出ているので、そういう声を聞くべきだという発言したところ、その直後、3人の発言者が急遽組織されて、大山代議員の発言に対して反論するということもありました。その後、大山さんがさらに再反論をする機会は与えられません。松竹さんの除名処分に対する再審査請求も門前払いされるという結果になりました。

「結語」でパワハラ発言

そして、最終日4日目に田村智子副委員長（現委員長）が討論のまとめとなる「結語」で、大山代議員の発言に対して厳しい批判を超えた人格攻撃ともとれる発言をしました。「党員としての主体性を欠き、誠実さと節度を欠いた乱暴な発言」「発言者は批判の矛先を180度間違えている」「政治的本質をまったく理解していない」と、大山代議員の発言に対する怒りにとどまらず、大山さんの日本共産党員としての資質・人格まで攻撃する内容でした。

これらは明らかに公開の場でのハラスメントであると、私たちは主張しています。また、実際にリアルタイムで配信されたその映像を観たいろんな方から、「これはハラスメントではないか」という声が即座に上がって、すぐ電話で党機関に抗議をした党の地方議員もいました。

６人もの採択「保留」

そのようななかで最終日に決議案に対する採決が行われました。代議員が約８００人参加しました。そのなかで６人の代議員が「保留」をする事態になりました。

これは日本共産党の歴史上でも大変珍しいことです。日本共産党はかつて「50年問題」という１９５０年代に分裂するという歴史がありました。その分裂を回復して、今の基本的な路線を確立したのが、１９６１年の第８回党大会です。その第８回党大会以後の党大会の採決で保留が出たというのは、２０００年の党大会で１人だけ保留が出たというのはあったことを除いて、それ以外は全会一致の賛成で採決されていました。

そういうなか、今回の第29回党大会では６人も保留が出た。これは前代未聞の出来事です。また、賛成の人は拍手をするというやり方で、その結果、圧倒的多数の賛成を得ましたと採決しているのですが、実は現地にいた方の情報によると、拍手をしなかった人が一定数いたそうです。この人たちは採決を棄権したと一般的にはみなされると思うのですが、共産党の党大会では人数で確認していないので、棄権した人の意思はまったく表に出ることなく、そういう人もひっくるめて圧倒的多数で採択をしたという形になっています。

権力勾配に配慮ない恣意的運営

大山代議員は支部の党員や支持者の声を党大会に届けるという、代議員としての当然の役目を果たしたに過ぎないのです。それなのに資質がなっていないなどと、最終的な結語の場で、党を代表する委員長から言われてしまう、それに対して反論する機会も与えられないという異常な大会運営に終始しました。民主的な討論のためには、やはり権力勾配に対する配慮が必要であるにもかかわらず、逆の対応がされているわけです。先ほど私も言いましたとおり、議事運営権の濫用によって大山代議員の発言後、今まで発言が決まっていた代議員を急遽差し替えて、大山さん批判のための代議員を3人も並べることをしたわけです。

大会後もパワハラを否認

大会後の反響はいろいろ大変なものがありまして、地方議員がそういった党大会の運営をSNS上で公然と批判するという事態が起きました。ところが、SNS上で批判を表明した地方議員に対して、党機関が「指導」と称して「パワハラではない」「異論を党外に出すな」などと圧力をかける事例が多発しております。また、地方議員団のなかでも不団結が発生していま す。党大会のあり方に批判的な議員が肩身の狭い思いをし、さらに、このような党ではやって いられないと離党を検討している議員も出始めています。

ネトウヨのようなSNSでの罵倒・粘着

また、SNSで党中央の批判をする党員や支持者の投稿に対して、党中央を妄信的に支持す る人たちが反論にならないような反論、また、罵倒で粘着をするというSNS上の事態が発生 しています。これは、まるで安倍政権の際に、ネット右翼と言われる人たちが安倍政権に対す る批判者にしたのと同じような振る舞いをしていると指摘もされています。

ハラスメントや性暴力の黙認・隠蔽は続く

このような姿勢が党内ハラスメントの温床になり、議員団内のハラスメント、また党内での セクシャルハラスメント、さらに、それ以上にひどい性暴力なども数々起きていますが、これ らの対応に対して党機関はまったく指導力を発揮できていない現状があります。

これらの問題の解決と称して、党中央が対応に出てきたらどうなるか。現状では黙認・放置・隠蔽がされていると思います。加害者が庇われて、被害者が泣き寝入りを強いられる。またハラスメントを告発した党員が、逆に党規約違反だと、党内の問題を党外に持ち出したという難癖をつけられて処分される事例も発生しています。

「130％の党勢拡大」目標の弊害

こうした事態は共産党が「130％の党勢拡大」という合言葉に、党大会前から無理な党勢拡大方針を進めた弊害としても出ています。たとえば、つい先日の2月14日の朝日新聞の投書欄に「強引な政党の介入にがっかり」というのがありました。この投書は、名指しこそはしていないですが、内容を読めば明らかに日本共産党の強引な勧誘というものの実態を、一般市民の方が暴露した投稿になっております。このようなハラスメント体質に無反省な姿勢というのが、こういう問題を引き起こしている根源ではないかと我々は見ております。

大会結語でのパワハラの撤回・謝罪を

私たちは、大会における結語のパワハラ部分の撤回、そして大山代議員に対する謝罪を要求していきます。そして、党中央がもし私たちのそうした告発・警告を無視し続けるならば、さらなる事実関係の告発、並行して被害者の組織化などを通じて党内のハラスメントの撲滅、被害者の救済を求める闘いを今後も続けていく所存であります。

今、自民党政治、岸田政権がさまざまな国民の願いから逸脱した政治をやって支持率がどんどん下がっているという現状のなかで、やはり野党がしっかりしなければいけないというところがあります。そのなかでも、日本共産党がこれまでそういう自民党政治に対する批判者として一定の役割を果たしてきたという自負が我々にはあります。ところが今の日本共産党の現状では、この自民党政治に代わる新しい日本の政治・社会変革を担える政治勢力として受け皿になり得ないと思っております。

日本共産党が本気で社会変革、政治変革を目指すのならば、まずは党内のハラスメント問題の誤りを克服することが不可欠であると訴えたいと思います。

参加者の報告

党大会結語でのパワハラが新委員長の門出に

A

A　私は、学生時代から共産党に30年以上所属している現役の共産党員です。今回1月に行われた共産党大会で、非常に残念な光景がありました。先ほど司会のFさんからもお話がありました通り、反対意見に対する過剰な批判がなされ、「結語」でさらに批判がされました。その「結語」の映像がありますので、改めて観ていただきたいと思います。

（田村智子氏の結語映像）

この大会の討論のなかで、元党員の除名処分について「問題は、出版したことより除名処分ではないか」つまり除名処分を行ったこと自体が問題だとする意見が出されました。

この意見に対して代議員から、処分をうけた元党員の言動は、党の綱領と規約の根幹を否定し党の変質をねらった明らかな攻撃であったこと、メディアを利用して地方選挙の前に攻撃をしかけたのは元党員の側であること、わが党は「異論を許さない党」などでは決してないことなどが、この攻撃を打ち破る論戦を懸命に展開した経験に立って発言されました。

除名処分が規約にもとづく当然の対応であったことは、すでに山下副委員長から再審査請求の審査内容として明確に報告され、再審査請求を却下することに異議をとなえるものはなく、党大会で承認をえたことは党の最高決定機関による党への妨害者、攪乱者への断固とした回答を示したものとして重要です。（拍手）

党大会での発言は一般的に自由であり自由な発言を保障しています。しかし、この**発言者の発言内容は**極めて重大です。

私は「除名処分を行ったことが問題」という発言を行った**発言者について**、まず、**発言者の姿勢に**根本的な問題があることを厳しく指摘いたします。**発言者は**「問題は出版したことより除名処分ではないか」と発言しながら除名処分のどこが問題なのかを何も示していません。**発言者は**元党員が綱領と規約にどのような攻撃を行ったかを検証することも、公表している党の主張・見解の何が問題なのかも、何一つ具体的に指摘していません。**発**

言者が述べたのは、ただ「党外の人がこう言っている」ということだけです。党外の人が言っていることのみをもって「処分が問題」と断じるのは、あまりにも党員としての主体性を欠き誠実さを欠く発言だと言わなければなりません。

発言者は「希望の党」の小池百合子代表の「排除」発言をもちだして「あのとき国民が感じた失意がいま私たち共産党に向けられていると認識すべき」とまで発言しました。反共分裂主義によって野党共闘を破壊した大逆流と並べて党の対応を批判するというのはまったく節度を欠いた乱暴な発言というほかありません。(拍手)

発言者は「除名というのは対話の拒否だ」と述べ「包摂の論理を尊重することは政党運営にも求められている」と述べました。しかし対話を拒否したのは誰か。党を除名された元党員は、自分の意見を一度として党の正規の会議で述べたことはなく、一度として正規のルールにのっとって党に意見を提出したこともない、党内での一切の対話の努力をしないまま、党外からいきなり党攻撃を開始したというのが事実です。

ここでも**発言者は**批判の矛先を180度間違えていると言わなければなりません。党を除名された元党員の問題は山下副委員長の報告で詳しく解明したように「共産党の安保・自衛隊政策が野党共闘の障害になっている」「安保容認・自衛隊合憲に政策を変えよ」「民主集中制を放棄せよ」という支配勢力の攻撃に飲み込まれ射落とされ屈服したところに政

治的本質があります。（拍手）

党外から出版という形で党の綱領と規約を攻撃した者を除名処分にしたことは当然です。問題のこの政治的本質をまったく理解していないことに**発言者の**大きな問題があると言わなければなりません。（拍手）

＊編集注：発言内容にとどまらず「発言者」を個人攻撃していることを強調するために、その文言を分かりやすく太字にしています。

ここまでで、もうよろしいかと思います。（田村氏は）発言者の個人の人格にも踏み込んだ厳しい批判をしました。

この動画は、「結語」という党大会の議論のまとめにあたるものです。まとめなので、批判をされた人は一切反論する機会がない場面です。たくさんの参加者がいるなかでこうした発言がされ、なおかつネットにも公開されるという状況になりました。これがパワハラでなくて何なのだと、私は感じております。

一方で、共産党は結語の内容をパワハラではない、きちんとした批判であると発表して、党員や支持者にも同じような考えを持っている人もいるようです。しかし私は、これは立派なハラスメント行為であると考えています。党はハラスメントではないと言いますが、これはハラスメントだと認識して発言する共産党員がいることも知っていただきたい、という思いで私はこの会見に参加しています。

田村さんは結語を述べる時点では副委員長で、このあと新委員長になりましたけれども、新委員長の門出になる仕事がパワハラから始まったというのを、私は非常に残念に思っています。こうした党を変えたいという思いで参加しております。

F　私から補足です。今、Aさんがタブレットで田村智子副委員長の発言を流しました。これはYouTubeで観ることができますので、確認されたい方は後ほどYouTubeで見てください。

また参考までに、この間の日本共産党の党大会におけるハラスメントの問題や日頃の党運営上各地で発生するハラスメントの本質などについては、千葉県の大野隆さんという方が発信しています、この方は日本共産党の千葉県の組織で働いていた方で、千葉の市長選挙や国政選挙の候補者にもなった方です。

大野さんがNoteというネット上のブログで数日前に日本共産党のハラスメント問題についてとてもよい論考を書いています。その論考の内容は、私たちの主張とほとんど同じものですので、ぜひそちらの方も後で見ていただけたらと思います（https://note.com/oono_chiba/n/n1fa7e4a0a824　第3部掲載「日本共産党を批判する事は権力を利する」という言説について）。

大山県議への個人攻撃を見るに見かねて参加

B

B　先ほどもありました大山発言に対してSNS上で、多くの人からの大山さんに対する個人攻撃を見るに見かねています。松竹除名問題では「党内の問題は党内で解決すべきだ」と党中央は主張しています。

それならば、このようなSNS上の個人攻撃こそやめさせるべきです。しかし、批判を超えたこうした個人攻撃について党中央からは一切そのことに関して触れられません。このような問題が多くあり、見るに見かねて今日は参加いたしました。

党大会には自由な議論はなかった

C　今、結語を聞いて、もう悔しくて泣けてきました。松竹氏と鈴木氏の除名以降、大山代議員が党大会で発言されるに至るまでに、党内でどれだけの人が傷ついてきたか。それを思うと悔しくて仕方がないです。田村智子さんが冷酷に結語を読み上げるのを聞いて、党内ハラスメントの救済や党の民主化への期待が、すべて踏みにじられたように感じています。このことを報道各社の皆さんにぜひ伝えたいので発言いたします。

私からは、この党大会に至るまでの自由な議論というものがなかったことを訴えます。田村さんは先日の東京新聞のインタビューで、党大会でのパワハラ疑惑に関連して、次のように述べています。党内の議論は自由に行っている。そういう意見を言ってはならないという対応はしていない。大会決議案これも2か月前に示し、支部や各地の会議での議論だけでなく、個人の意見も応募原稿で寄せてもらい、誰でも読めるように、しんぶん赤旗号外を発行して自由な議論を保障している。ただ、自由な議論だけで終わってしまったら、一致結束して政治を変えていくことはできない。このような発言をしています。今からこの発言が実態とまったく異なることを訴えます。

まず、しんぶん赤旗号外の討論集について。しんぶん赤旗には党活動のページというものがあります。週4回、火木金土の各曜日に掲載され金曜日はページの半分、ほかの日は1ページほど割いています。この党活動ページの臨時号という形でしんぶん赤旗号外が討論集として大会の前に発行されるのですが、本来はここで何でも討論がなされるはずでした。我々党員は臨時号とか赤旗号外とか、討論集とかいろいろ呼んでいますが、この討論集発行の経緯を説明します。

11月15日の赤旗に大会の決議案が掲載されました。翌日16日には当時副委員長の田村さんの報告が掲載され、この日の党活動のページに、意見や感想や提案を募集しています、12月5日が締め切りですという囲み記事が小さく掲載されました。応募原稿の募集はたったこの1回だけです。この囲み記事に気づいた人だけが、わずか20日間の間に、5万字を超える大会決議案を読み、意見をまとめて原稿を書いて、実名を明記して討論集に応募するという仕組みです。原稿の締め切り後、12月16日付赤旗に、討論集が発行されるので12月21日までに申し込みをという、これも小さな囲み記事が載りました。購入の呼びかけもこの1回だけです。この囲み記事に気がついて、12月16日から21日のわずか6日間に申し込みをした人だけが、購入の権利を得るという仕組みとなっています。

その後、発行日がいつになるかという予告もなく突如12月27日に発行されました。しかも発行されたという案内も赤旗にありません。聞いたところによると、党事務所からも購入者への連絡がなく、ネット上の情報で発行を知ったことで、なんとか年内に党事務所へ買いに行くことができたそうです。しかし、そもそも12月上旬には地区党会議の多くが開かれ、討論集が発行された12月27日には都道府県会議の多くが終わっています。ですので、この討論集は党内の議論にまったく間に合っていません。

しかも討論集の発行はたった1回でした。過去の大会のように討論集の紙上での公開討論もありませんでした。こういう経緯で1月15日の党大会を迎えました。党幹部は異論も掲載して民主的に討論をしていると自慢していますが、実際には自由な議論はどこにもありませんでした。あったのは異論のガス抜きと、民主的な議論がなされたかのようなアリバイづくりだけです。

そもそも討論集で自由な意見を載せていると言っていることも真実ではありません。討論集には大会の決議案に無関係なものは掲載できないという決まりがあります。つまり、党中央が大会決議案に無関係だと判断をしたら、党中央から応募者に電話がかかってきて修正をさせられる、もしくは削除、掲載自体を拒否されるなどの情報が複数集まっています。実際、党内ハラスメントの事例がネット上で多数告発されていますが、討論集にはそれらの具体的な掲載は一切ありません。

また、松竹氏と鈴木氏の除名問題に関連して、党内では除籍や権利制限になった人もいるのですが、そういうことも討論集には掲載がありません。党中央は大会決議案と無関係だと判断をしたのだと思います。そもそも、決議案には松竹氏と鈴木氏の氏名も「除名」という言葉も記載がありません。しかし討論集には両氏の氏名と、除名反対論が数多く掲載されました。このように決議案に無関係のはずなのに載ることもあれば、一方的に削除されることもあって、掲載の基準は不透明なのです。しかも、松竹氏と鈴木氏の除名反対論、両氏も主張する党首公選制、党の民主化を求める意見、これらが討論集の4分の1くらいを占めています。党内にはこれほど多様な意見があるのに、大会で除名反対の発言ができたのは大山代議員、一人だけです。大会までの過程でいかに異論が排除されたかを示しています。これが党内の意見が民主的に集約された大会なのでしょうか。

また、党員のごく一部だけにひっそりと発行された討論集に、松竹氏と鈴木氏の除名問題だけが不透明な基準で掲載されたことは、まるで異端者のあぶり出しです。さらに、大山代議員の発言の後に反対論者を3人も並べたことは、まるで見せしめです。このような経緯があったからなのか、結果的に、結語での大山代議員に対する公開糾弾、公開パワハラにつながってしまったと考えています。

人格否定で精神をボロボロにされ離党

D

D　今日の参加者のなかでただ一人、残念ながら志を最後まで活かすことができず離党した者です。21歳で大学生の時に入党しまして30年以上の党歴を持っていました。党の専従をしておりました。

途中でいろいろ事情があって党の専従を辞めたのですが、不破哲三さんが『古典への招待』という本を上中下巻と出していたので、その本の中身でずっと学習会をしていました。誰でも自由に参加していいよということで学習会を続けました。党の専従を辞めた後も、もう一人の方と一緒にその学習会をやっていたのですが、ある日突然、書記局から、あなたたちがやっているのは学習会ではなく分派を組織している、学習会ではなくて「談合」だという手紙が3回ほど来ました。私は、それに対してメールでずっと抗議していたのですが、私のメールに対しては一切返事がありませんでした。2年にわたって出し続けたのに、一度も返事は返ってこなかったです。実はそのメールの中身が私のまったく知らないところで、ある会議で配られました。私に何の断りもなく、まったく知らないところでその文章が配られて、こういうことを書く人だから精神的におかしいと人格否定をして、この人たちが主催するような学習会はもうやめなさいという中身だったのです。

その会議の参加者が私に教えてくれましたが、あまり具体的に言うとその人に迷惑かかるのでオブラートに包ませてもらいます。私はそれを聞いて、そういうことをされたことは納得できないので、この人たちは自分の地位を使って、私にパワハラをしたのであり、私に対する人権侵害だと思い、名前も書いて、規約に基づいてこの人たちを処分してほしいと、党中央の人権委員会に意見書を出しました。

しかし一切返事はいまだに返ってきません。志位さんが松竹さんや鈴木さんの除名を言うときに、規約5条6項で、あらゆるところ、あらゆる分野に意見や質問を出すことができるのに、彼らはそれをしなかったと繰り返し言っています。でも、それを行使した私には、まったく何も返事が来なかったのです。

結局、私は離党しました。離党したのはもう精神的にボロボロになって党員として続けていくことができなくなったからです。私のように本当は辞めたくなかったけど、もうこれ以上ここにいると命が脅かされる、自殺したくなる気持ちになった人たちもいますから、その人たちの代弁者として、私は今日ここに立つ勇気をもらいました。

離党した性被害者やパワハラ被害者への人格攻撃などホモソな体質

E　私も、パワハラやセクハラ、モラハラを受けてきた経験があるのですが、党内で多くの方から私に相談も寄せられています。SNSなどでつながった方から電話でやり取りしたり、直接会ったりもして、いろんな話を聞いています。私もそうですし、ここにおられている方の多くも、ハラスメントの被害を受けたら、まず党に相談します。身近な人から地区委員長や、その上の都道府県委員会に相談をしていくなかで共通しているのが、まず加害者の肩を持ちます。そして相談内容がすべて漏洩される。そして、最も知られたくない加害者にまで情報がペーパーで渡されるようなことをされて、さらに加害は陰湿になり深刻になることが、もう全国で起きています。

そして加害者は、権力や権威の勾配が高いことが多いので、そういう人が地区委員長や都道府県委員会の専従や役職のある人と近い場合も結構多くて、そこでホモソーシャルな助け合いが行われて隠蔽されています。

とてもひどい話では性加害、不同意性交もあります。直接名前を言うと、生健会（生活と健康を守る会）という民主団体のなかで生活相談を受けた方を、その人の弱い立場を利用して、そこの事務局の人がいろんなことを相談にのっているなかで、奥の部屋に連れて行って鍵を閉めてレイプすることがありました。それは一昨年前のことで、その加害者は党員の男性で留置所にも入れられていたのですが、その人がそんなことをするわけがないと党員たちがかばい、地区を上げてその人の保釈に走り、保釈の時に「よく頑張った」と言って万歳までしていました。

党員になっていた被害者の女性は難病も抱えている方で、本当に辛い思いをして党を離れると、今度はその女性に対する人格攻撃がここでもやはり加えられるのです。「この人は、いろんなところで男の人を誘ってたらしいよ」と、根も葉もない噂を支部会議のなかで――それは女性であったり男性であったりするのですが――言い立てられて加害者を擁護するということがありました。今その加害者はほかの党員からおかしいではないか、除名するべきだという意見が中央に上げられて除名されたそうですが、その後もなお生健会で働いていると聞いています。党はそういうことがあっても、その人を除名にしたと公表していないのです。

組織のなかでハラスメント対策につなげることもできず、加害者の名誉は守られ、被害女性は自分が誘ったと噂されて地域を歩けなくなる。そういうようなことの実際の一例をお伝えしましたが、正直言って似たようなケースが、ほかでも起きています。

それから今日、議員の方から言ってほしいと託されたことがあります。先輩の女性議員からひどいいじめを受けていて、もう自分は続けることができないと。「あなたは無能だ」と、ずっと毎日のように言われていて、それでもう議員を続けられないぐらいまで陥りながら、そして毎日、辞職勧奨のような形で「どうする？　いつやめるの？」みたいな感じでやられていると。そのことを党に相談しても、党は党員歴が長い加害者の方と関係が近いから、加害者の肩を持つ。そういうなかで被害者の女性は心療内科に通って病名を見せたら、その後、「彼女は病気だから本当のことを言っているか分からない」とハラスメントの事実も否定される。そんな差別的なことが行われ、さらに被害者が先輩に当てた手紙を別の議員に中身を勝手に開けられるプライバシー侵害までされています。

また、別の女性議員からも今日言ってほしいと託されたことがあります。その方は、党にカンパをしても領収書をもらえなかったそうです。この議員は、年数11期目の女性議員からいじめにあって、党を本当に残念ながら泣く泣く離れざるを得なかったです。離党後、党から寄付金控除の領収書をもらったが、あまりにも少ない金額で、こんなに金額が少ないわけがないのに、しかし領収書をずっともらえていないので証拠がない。これは多くの人がそういう状態だと思います。きちんと寄付をして、その分の領収書を全額もらっているというような人は多くないと思います。

こういうずさんな事務処理の指摘も今各地で起こっています。自民党に対しては金に汚いと言っているのに、党内のことに関しては目をつぶるのかと、ダブルスタンダードではないのかと。党員や党の議員はとくに誠意や党派性が問われているために、「お金のことを言うのか?」と言われてしまうと、余計にそういうことが言えないで泣き寝入りしているパターンもあります。

最後に、今回の中央大会を見て、田村智子さんは自分が小池晃さんにパワハラされても、パワハラだと指摘しなかった、気づかなかったというところでもう難しいなと感じていましたが、やはり委員長になられるのだから、そこから少しでも変えていってほしいと思っていた矢先に大会でのパワハラが行われましたので、これからますます締め付けが厳しくなり、逆に怯えざるを得ないです。「あれはパワハラではなかった」と加害者がよく言うようなことを重ねておっしゃるので、まず第三者委員会を立ち上げて、きちんと検証することが必要です。田村さんのハラスメント疑惑だけではなく、全国で起きている問題をきちんと可視化して、第三者委員会で専門家も入れて検証することを求めたいと思っています。

党大会に私も行ったことあるのですが、最後の賛成・反対・保留の意思表示を、ああやって顔を見せてみんなの前で出させること自体が、投票の仕方としてどうなのかと、そのときから思っていました。保留に手を上げたり、賛成に上げなければ「何で?」と駆け寄ってこられるからです。地区党大会や都道府県大会で即座に専従らが駆け寄ってきて、賛成でない理由を聞かれるのは「内心の自由」を侵害することですので、誰が反対した、誰が保留にした、誰が棄権をしたということが分かるような投票の仕方自体が、独裁的なやり方を生むと非常に危険性を感じています。そういう党を変えてほしいという立場で、今日は参加しています。

セクハラ対策の第三者委員会を

G　私は田村さんが委員長になることに、わずかながらも期待をしていました。それは女性委員長の誕生で党内セクハラ対策が進むと考えたからです。しかし、その期待はパワハラ結語で就任直前に崩れ去ってしまいました。

私は皆さんが共産党系と呼ぶ民医連で働いています。こうした法人でも一般企業と同様に、ハラスメント対策の制度整備や研修会をしています。党大会での先ほど見られた大山代議員に対する田村さんの結語はじめ党大会での一連の対応は、研修を受けた人であればパワハラであると判断がつきます。

そしてパワハラのある組織には、必ずセクハラがあります。なぜなら、ハラスメントが力関係の不均衡によって生じ、弱い者いじめや男尊女卑と結びついているからです。私は元職場で、党員専務による職場の女性党員への不同意性交の問題を追及しています。しかし理事長党員と県党委員が共謀して、この事実を隠蔽しています。

隠蔽の根拠は民主集中制の原則にある「党の内部問題は党内で解決する」という規約に基づいています。役員支部の問題は職員支部には知らせないという規約で縛っているのです。職場に党員が多いと支部が分かれていて、一つの会社のなかでも、いわゆる共産党系と言われる組織のなかには複数の支部があったりします。それらの支部同士の横の連絡は民主集中制のもとでは、してはならないという、分かりづらいかもしれませんが、そういう掟・しきたり・規約に我々は縛られています。

それゆえ、組織内性暴力を組織内で解決するのは不可能になっています。性被害者に内部解決を強要すること自体がセカンドレイプにほかなりません。

田村委員長は自身の大会でのパワハラを、パワハラにならないよう配慮した〝つもり〟であるとか〝一言一句〟決定通りに読んだのだと責任転嫁をしました。加害者がハラスメントを否定し被害者を権力的に説得する、もしくは学習会であればハラスメントではないと学習をさせること自体が二次ハラスメントそのものです。こうした事態から残念ながら田村委員長に党内セクハラの解決はできないと言わざるを得ないです。

党内セクハラの予防と解決には、第三者機関もしくは中央委員会から完全に独立した機関が不可欠です。中央委員会議長に対しても除名が勧告できる権限を持った機関がなければ、党内セクハラを抑止することはできません。しかし、党は私のこの要求を無視し続けています。それは権力分散が党内民主主義の担保となるという主張が民主集中原則と相容れないものだからです。

しかし、規約第5条（8）「党の内部問題は党内で解決する」という規定があっても、少なくともセクハラに関しては、この対象外とする必要があると訴え続けてきました。私はこの要求を無視され続けたので、職場支部に党員専務が不同意性交によって除名された事実を知らせました。その結果、除籍をされてしまいました。

それでもなお私は、党に引き続き被害者への謝罪と再発防止、そのための第三者調査を要求し、今日このようにしてメディアの皆さんのお力もお借りしながら訴え続ける覚悟をしています。共産党は本当に国民のためになくてはならない党だと思っていますので、共産党をちゃんとさせたいという願いを持って今日ここに臨んでおります。

除名「再審査」は党規約にも常識にも反したものでした

H

H　私からは除名再審査の問題についてお話しいたします。私は現在、北関東地域の居住支部に所属しているヒラ党員です。

数年前まではいわゆる共産党系の団体で役員をしていまして、その役員や職員の党員で構成されるグループに所属していました。そこで何人もの党員が、規約で定められた「市民道徳と社会的道義を守る」という、当たり前のことができていない状況を目の当たりにしたり、党中央の時々の方針が現実や国民感情にマッチしていないと感じたりして、離党を真剣に考えていました。

その頃、何かの機会から松竹さんのブログを読むようになり、党綱領の方向を国民感情にマッチさせた提案が多いことに惹かれました。そして、そういう党員が処分されずに発信を続けることができていることに驚き、まだ共産党は捨てたものではないと考えるようになり、自分なりに所属する支部などで党改革などを訴えてきました。

その矢先に松竹さんの行動が党を攻撃していると除名され、今回その再審査が却下されました。まるで自分が処分されたと思えるようなショックでした。

除名再審査については規約の第55条に書かれていて「被除名者が処分に不服な場合は、中央委員会および党大会に再審査をもとめることができる」となっています。そしてその同じ55条には「党員にたいする処分を審査し、決定するときは、特別の場合をのぞいて、所属組織は処分をうける党員に十分意見表明の機会をあたえる」とあります。関連して第54条には「除名は、党の最高の処分であり、もっとも慎重におこなわなくてはならない。党員の除名を決定し、または承認する場合には、関係資料を公平に調査し、本人の訴えをききとらなくてはならない」とあります。また第49条には「規律違反の処分は、事実にもとづいて慎重におこなわなくてはならない」とあります。規約では除名処分や再審査が、その重大性から相当慎重に扱うことになっているのがお分かりかと思います。

実際の再審査はこの規定から見てどうだったかというと、大会での「除名処分再審査についての報告」によると、松竹さんからの再審査請求書は党大会として受理したものの、大会代議員による討議は行わず、たった21人の大会幹部団で再審査を行って却下を決定し、それを大会に報告するという対応を行いました。「中央委員会および党大会に再審査をもとめることができる」はずの再審査を、193人いる中央委員会よりも、はるかに少ない大会幹部団による審査で良しとするところがまず驚きでした。その大会幹部団は全員が中央委員会幹部会のメンバーでした。つまり、全員が除名を当然だと考えているメンバーで審査を行ったのです。規約で再審査を中央委員会だけでなく党大会にも求めることができるとされているのは、党中央が誤りを犯してしまった場合に、それを正すことができるのは党の最高機関である党大会しかないからです。松竹さんもそう考えたから、中央委員会ではなく党大会での全国の代議員による審査を求めたものだと思います。

審査内容と結果を大会に報告し拍手で承認されたのだから、党大会で再審査を行ったということになると党中央は抗弁すると思います。しかし松竹さんの再審査請求書は大会2か月前に提出されたにもかかわらず、大会代議員へ事前にも大会当日にも配布されず、本人に意見表明の機会を与えることもなく、何人が承認の意思を示したのかすら分からないなど、とても党大会が再審査を行ったと見なすことはできません。

以上の点から、今回の除名再審査は手続き的な面からだけでも大きな問題があり、規約から逸脱した審査だったと言えます。

それだけでなく、民主的な議論だったのかについても国民の常識とはかけ離れた、到底理解を得られない審査だったと思います。今回の大会決定の最後のほうに、このような記述があります。

わが党綱領は、日本における社会主義・共産主義は、資本主義の時代に獲得した自由、民主主義、人権、個性が豊かに引き継がれ、開花することを固く約束し、旧ソ連や中国のような「一党制」や人権抑圧を絶対に起こさないことを明記している。その保障は綱領上の公約にとどまらず、発達した資本主義を土台にして革命を進めるという事実のなかにある。

除名再審査で私たちが見た事実は、党中央が考える自由や民主主義というものが旧ソ連や中国のようなものとそれほど変わらないと思わせるものでした。このような党中央の姿勢を変えていかなければならないと思いますし、そのために私も党員として努力をしていこうと思っています。これから行われるであろう松竹さんの裁判も支援していくつもりです。

大山県議への執拗に続くハラスメントを認めるべき

I

I　私は、大山奈々子県議の支援者の方々から情報提供された内容について話をします。

支援者の一人である私の願いとして3点あります。1つは結語の一部はハラスメントであることを認めて、大山さんの尊厳を著しく傷つけたことを、まず認識してほしいと思います。もう1つは結語発表の後、記者会見や赤旗の記事はじめ、先ほどの結語の学習でもセカンドハラスメントが広がっている今の状況を改善してほしいということ。あともう1つは、長時間の「懇談」と称する「指導」は軟禁であり、一方的な問題の解決を押しつけることは異論排除で許されないという点です。ここら辺を詳しく説明していきたいと思います。

全国大会の前に、それぞれの地区と都道府県で党会議として「上りの大会」があり、その県党の会議で大山さんは、実は全国大会で発言したのと同様の内容の発言を行なっています。それなのに、県党の会議で発言してないことを全国大会で突然発言したというデマが、そのまま大会決定の学習内容になっている状況があります。

大山さんが県党の会議で発言した後に発言内容が問題視されて、当時の県委員長などと2時間半の懇談がありました。このとき大山さんは、全国の大会でも同様の発言をするという姿勢を崩さなかったので、中央から誰かが来て再度懇談すると懇談の後に電話で告げられたということです。実際に年明けの1月5日、中央から山下芳生副委員長が来て、「口封じではない」と前置きしたうえで、3時間半に及ぶ実質的に発言中止を要望する懇談がありました。この懇談で大山さんは、結果として口封じだと感じたと後日話しています。もちろん大山さんは、断固発言は変えないと拒否して終わりました。

大会での発言経過はすでに報道されているとおりです。発言後、大会の参加者は大山さんと目が合ってもそらしたり、または休憩所では避けられるといったような孤独感を味わったそうです。ただ発言後に、たった一人だけ涙を浮かべてハグしてくれた人がいたということは聞いています。

また大会後も、山下副委員長との懇談が5時間行われました。懇談内容は、大山さんの発言内容が誤りであると認めさせようとする内容であり、圧力そのものと言えます。大山さんからも、いろんな不満を訴えたそうではあります。この懇談のなかで大山さんは結語がパワハラであるということを、すでに訴えています。大会が終了した翌日、大山さんは山下さんに「私が自殺しなくてよかったですね」と話しています。

この懇談の翌日、小池晃書記長が記者会見で結語はパワハラでないと断言しました。大山さんは、その記者会見自体を見ていなかったですが、その内容を赤旗記事で読んで、怒りと情けなさが込み上げたそうです。

そのまた翌日、大山さんは自分の大会での発言を載せた赤旗の記事をXに掲載しました。しかし当時の県書記長から削除しろと連絡があり削除しました。その後、発言内容の公表を一切禁じられている状態です。

大会での発言内容である赤旗の記事さえ、党内で配ることさえも拒否されています。実は大山さんは、パワハラを訴えた文章も大会の後に党内で出してはいるのですけれど、その文章の配布もしてはいけないと会議では回収されたそうです。このように現在、反論はすべて封じられている状態です。

大山発言の内容は、本人が意図した内容ではない解釈で、誤解されて結語の学習として全党で使われていますので、そういった状況で行われた全国の大会を受けた県党会議（「下りの大会」）で、それに対する反論を行うことを決めて周囲に相談していましたが、やはり発言を阻止する動きにあいました。その時に発言を止めた人に、大山さんは「胃から血が出るようだ」と伝えたと聞いています。

県党会議では、結語はハラスメントではないとするまとめが県の代議員たちによって承認されました。そのときの採決には4人の保留がありました。ここでも大山さんは、組織的なハラスメントを受けて傷ついたと聞いています。

とくに大山さんがしんどいと感じているのは、大会後、大山さんの眼を正視しない人が増えて、最も信頼していた同志が対話を避ける、または地元の仲間が「党と意見が違う人とは一緒に立てない」と宣伝を拒否したことなどです。大山さんは横浜市港北区の党組織への今までの献身が無になってしまったと感じて、とても悔しいと話しています。現在は表面的には党活動をつながなく行っているように見えますけれど、内心はかなり複雑なようです。

党はこの結語のハラスメントを、まず認めてほしいです。そうでないとハラスメント撲滅を掲げる政党から結語の学習を経て、さらなるハラスメントの加害者がどんどん生み出されてしまう状態になっています。

※支援者から提供された大山県議の発言原稿と意見書は第3部に掲載。

F　Jさんはコメントなしということで、最後にKさん、お願いします。

結語でパワハラがフラッシュバック

K

K　Iさんの話は、とても信じられない現実であり、とてもショックを受けています。私も30年以上、党活動していますので、いろいろとハラスメントを受けてきました。人格否定の言葉もたくさん投げつけられてきました。今度の党大会は、仕事を休んでライブ中継で観ていました。田村さんの結語を聞いたときに、これまでの記憶がフラッシュバックしてきて、とても辛かったです。

今、あれはハラスメントではないと中央委員会はじめ各都道府県で意思統一をしています。集団で決めたからハラスメントではないのだと言っていますが、集団で決めたのなら、なおさらそれは集団ハラスメントだというほかありません。1年前の小池パワハラ事件は個人がやったハラスメントでしたが、結語は党大会で議決し、全国の党がそれを実践しますので、それは集団でのハラスメントであり、党全体でハラスメントをしていることになります。どこがハラスメント根絶の党だと。促進しているではないか。

先ほども話が出ていましたが、一般的にも加害者は加害をなかなか認めないものです。共産党はこれまでハラスメント問題で被害者の側に立って行動し、加害者側の加害を認めない姿勢に対して認めなさいと求めてきました。しかし、今、これまで批判してきた加害者とまったく同じ行動を取っています。25万の党員がいますが、おかしいと思って実際に声を上げる人は、ほんの一部です。しかし、もっと多くの人たちが一緒に声を上げたがっていると思います。

ハラスメント対応する第三者機関の設置が絶対に必要です。この間、他党でも現職議員がハラスメントで離党することも起きています。政治の世界では選挙に勝たないといけませんから、候補者にも一人ひとりの党員にも、すごくプレッシャーがかかってきます。こうした状況下ではハラスメントが起きやすく、大声や理不尽な叱責などを目にします。こうした組織の構造的な問題に目を向けていかないと解決していかないと思います。

結語がパワハラだったと認め、大山さんへの謝罪は必須ですし、これまでもハラスメントに遭ったたくさんの人たちに対しても、きちんと謝罪していく。今後こういうことを起こしていかないんだという強い決意を持って、中央委員会が発信していかなければ、どんどんどんどん苦しんでいく人が増えていくことになります。まずはきちんとハラスメントを認め謝罪することを求めていきたいです。

メッセージ

記者会見に出席できず当日代読した同志のメッセージを紹介します。

民主的改革を求める同志に連帯

元赤旗記者X

匿名会見に臨まれる同志諸君に連帯のメッセージを送ります。

抗議し離党

私は学生時代に入党し、本年、「永年党員」として表彰される満30年を迎えましたが、今回の「松竹・鈴木」両氏の除名や福岡の神谷氏に対する不当な調査、除名処分に対して異論を唱えた地方議員に対する除籍などを目にし、このような非民主的な組織に所属することは、自分の信念に反するので、抗議をするため、離党を決意しました。

SNSでの個人攻撃を放置する中央

田村智子委員長は大会の結語で、松竹氏の出版物に対し、「綱領と組織原則への攻撃」だと主張したうえ、異論を唱えた大山代議員（神奈川県議団長）に対して、「発言者の姿勢に根本的な問題がある」「全く節度を欠いた乱暴な発言だ」などと、事実上、名指しして非難し、その光景をＹｏｕＴｕｂｅで配信しました。いま、ＳＮＳでは、共産党の党員や支持者を名乗るアカウントによって、大山氏や彼女を擁護する地方議員に対して、「赤旗や党の発表をまったく無視した陰湿な内容」、「人間として堕落している」、「日本共産党への攻撃を攻撃と認識できない、攻撃者と親和性の高い『日本共産党』の地方議員サマ」などという誹謗中傷がなされております。仮にも同じ党に所属し、地域住民から信任され、地域の党を代表して議員活動をしている仲間（同志）に対して、このような攻撃をし、田村委員長をはじめとする党中央委員会がそれを放置していることに、毛沢東と紅衛兵やスターリンを想起します。このような政党に私が所属していたとは思いたくありません。

日本共産党は組織として、多様な意見をくみ上げる仕組みを持っておらず、党の方針が常任幹部会の決定によって一夜にして変わることはあっても、その逆はありません。党中央が決めた方針や上部組織の決定に、その瞬間は背いたとしても、先駆的に対応した人々の勇気ある行動がリスペクトされるべきだと思います。党が方針を変えた一例を挙げます。

中国の人権弾圧について——党が方針を変えた一例

2008年3月に北京五輪を前にチベット騒乱が起きた際、赤旗内では、これを少数民族に対する人権抑圧だとする立場と、あくまでも国内問題であり、「暴力事件」であるという立場が対立しました。根底には、中国政府によるチベット併合を、「(封建王政からの)解放」と見るのか「侵攻」と見るのかという違いがあったのですが、当時、日本共産党は中国共産党との関係正常化10年を迎え、非常に良好な関係を築いていたため、中国政府を正面から批判する記事を書くことはできず、中国政府の公式見解を書くことが求められました。当時、チベット人権民主化センターなどのNGOをソースにし、何とか被害の状況についての記事を書くことができました。党中央は、事件が起きて2週間以上経ってから、「対話による平和的解決を」(2008年4月3日)とする中国政府宛の志位委員長名の書簡を発表しましたが、赤旗では、その後も「チベット問題の欧州議会決議非難　中国外務省」（２００８年4月13日）とする中国政府擁護の報道がなされました。２０２０年の党大会で中国政府についての綱領の規定を改定する際に、志位委員長は「２００８～09年以降、中国にさまざまな問題点があらわれてきたさいに、日本共産党が節々でそれを率直に指摘してきた」と述べましたが、実際には、「赤旗」紙面で、その問題点を指摘することすらまともにできなかったと言わざるを得ません。

その証拠は、２００８年の夏季五輪当時の赤旗の主張（「選手が躍動する平和の祭典に」8月3日、「スポーツ精神に前進を見た」8月26日）と冬季五輪の主張（「開催国にふさわしく人権守れ」２０２２年2月2日）を対比すれば一目瞭然でしょう。

翌年に起きたウイグルでの騒乱も「分裂主義勢力による暴力」だとする中国政府の主張をそのまま伝え、人権抑圧であるとの批判はしませんでした。

日本共産党が、チベットやウイグルの人権抑圧を問題視し、公然と非難し始めたのは、２０１９年以降のことです。その意味で、「赤旗」は、共産党中央に選別された都合のよい「真実」を伝える媒体であると言わざるをえません。

真に民主的な政党に生まれ変わる改革を

今も、大会の決定に基づき、党勢拡大に向けた記事が大本営発表のように「赤旗」に掲載されていますが、真に民主的な政党に生まれ変わる改革なくして、絶対に、党勢の拡大などはできないと申し上げます。同志のみなさんにエールを送ります。

Y

「民主主義ごっこ」をやめハラスメント点検を

現地で参加できないためメッセージを送ります。

党内で議論をし、代表者を決定し、党大会で方針を決める。なんてすごい民主主義を実践しているんだと思っていました。

しかし、これは形式だけの結果ありきの民主主義です。

平日に行われる党大会には、議員や専従、定年退職した高齢者などしか基本的に参加できません。働いている現役世代の一般党員が参加するのは難しいです。

専従者と一般党員では、党への見方も大きく変わってきます。もちろん一般党員の方が、世間から見た時と同じような意見を持っています。

専従者や議員は中央委員会の出すたくさんの方針文書をシャワーのように浴びているんですから、大会決議案や方針が覆ることはありません。

私たちがやっていることは民主主義ごっこでしかありません。

民青福岡県委員会でのパワハラ問題

少し話が逸れますが、民青福岡での話を共有します。県委員長からのパワハラを訴え、代表者会議でチラシを配り、選挙で県委員長を次期役員から落とそうという動きがありました。結局諸事情により選挙はできませんでしたが、組織に民主主義を取り戻すための重要な動きです。今の組織に絶望している方にこの話が届いてほしいと思います。

神谷貴行さんへのパワハラ、松竹除名異論への吊し上げ

いま組織のどこでもハラスメントが横行しています。

福岡では青年学生部長から同盟員へのパワハラ、福岡県委員長を含む県幹部から神谷貴行さんへのパワハラ、そして皆さんも目にされたように党大会での大山県議へのパワハラ。

私自身、松竹さんが除名されたときまでは異論を許さない党というのはレッテル貼りだと思っていました。出版してしまったんだし、それはもう仕方のないことなのかと思っていました。ですが、神谷さんと大山さんのように松竹さんを擁護したり、除名は誤りだと指摘すると大勢の前で吊し上げられる。ああ、これは異論を許さない党だとよくわかりました。

松竹さんの言っていることはすべて誤りであり、この考え方は根絶やしにするべきという考えなのでしょう。

中央委員による大山代議員へのパワハラ

みなさん見られてるので、大山さんの例がわかりやすいですが、大山さんの姿勢や誠実さ、

主体性などを大勢の前で批判することは明らかなパワーハラスメントです。

発言内容ではなく、大山さんの態度やメンタル的な部分を批判しているのですから、パワハラだと言われて当然です。中央委員全員で考えた結語なのに、誰もハラスメントだと指摘する人がいなかったのかと思うと、本当にがっかりします。

ハラスメント根絶を方針に掲げていますが、まずは党内の点検から始めてほしいです。

私はこの地獄みたいな日本に最も必要な組織だから入党しました。誰も取り残さない、すべての人が自分らしく、抑圧なく生きられる社会を目指す日本共産党が戻ってくることを願いメッセージとさせていただきます。

質疑応答

「こんな連中」発言について

Q　「こんな連中」という言葉の説明がありましたが、安倍元総理が亡くなる前に街頭演説で聴衆に対して「『こんな人たち』に負けるわけにはいかない」と言ったことによって、その発言が厳しく批判されたのですが、「こんな連中」という表現が向けられたことに対する気持ちを答えていただければと思います。

I　むかつきます。

F　今、一言で簡潔にありましたが、私たちもそういう思いです。

前回の記者会見後の反響は？

Q　前回の記者会見をして、その反響はありますか？　たとえば中央から何か言ってきて、身バレの危険を感じたとか、この1か月間で、どういった反響がありますか？

F　今回は前回出て2回目なのが5人で、あとの6人は今回初めて参加された方です。前回参加してどうだったか、結論から言えば党中央は完全無視というところです。それで、前回参加したメンバーに対して「あなたは参加していたでしょう？」という追及は一切ありませんでした。ただ、記者会見をしたこと自体はおそらく把握はしていると思いますが、これに対してどのような対応を取ろうとしているのか、今のところは見えてきてない現状です。

E　私が聞いてるのは、記者会見には参加してないけれどもネットでいろいろ発信しているのが疑われていて、ちょうど記者会見の日に党機関の人から電話が入って、「今どこにいる？」と聞かれたそうです。

（場内「ええーっ」）

あとで考えると探りだったのだと分かったけど、そのときは知らないから「今どこどこで仕事中です」とアリバイを割り出されて、「用事は？」と問うても「別に聞いただけ」と言われたそうです。

F　そういった動きはあるので、たぶん水面下では調査しているだろうなとは思います。この記者会見は前回から私がいろんな方をお誘いして始まった経緯があり、私もいろんな方と名刺交換もしてますし、私が主導しているのではないかと分かっている可能性はあるとは思います。ただ、これだけどんどんマスコミの皆様の前で意見を堂々と公表した場合、外で異論を言ったから規約違反だと処分したらどうなるか？　我々は黙っていませんので、また記者会見をやって、このように処分されましたとか、党中央はこういう対応をしましたと、党中央がそういう挑発的な手を打てば打つほど、我々はそれをありのまま皆様にお伝えすることになります。そうなったときに、はたして党中央が我々のことを処分できるのか？「出過ぎた杭は打たれない」という言葉もありますように、そういう状況がつくれていけるのかどうかは客観的には分かりませんが、そういう状況がつくれるように目指しています。

田村委員長就任でハラスメント改善は？

Q　田村智子さんが委員長になられてから、ハラスメントをめぐる党の現状は変わっていないのか？　それとも、より悪化してしまったのか？　その部分の感覚をうかがいます。

I　結語を全党員が全国の支部で学習をするので、その内容の理解を深めようとするなかで、やはり大山県議の発言に対する人格攻撃も含めた学習内容となっていて、よりひどくなっていると感じています。

Q　人格攻撃も含めた学習になっているというのは、具体的にはどういうことが行われているのですか？

I　結語の内容をそのままみんなで読み合わせし、なぜ大山県議がああいう発言を行ったのかを納得させるために、いろんな説明が行われるので、そのなかで「大山県議は未熟だ。とにかく松竹さんを除名したことの経緯が何も分かってないから、あんな発言をしてしまったのだ」という学習内容となります。それで、党員として未熟だ、県議が何を言っているんだ、という学習内容が全国で繰り広げられる状態になっています。

Q　全国で行われていると言うのは、ご自身が経験したもの以外にもやられているのをどこかで聞いたということですか？

I　そうです。いろんな人に聞くと、うちの支部でも同じ学習内容だったと、大山県議の発言の扱いについて同じような状態で学習が始まったという話は聞いています。

「さざなみ通信」批判から体質は変わらないか？

Q　２０００年頃に「さざなみ通信」というネット掲示板がありました。あれも現役の党員の方が様々な選挙に対する分析などを批判的に行っていたと思います。私もよく見ていて本当にすごく面白いと思っていたのですが、あれがある日、「反共攻撃」だということでものすごく批判されて、それに対する批判もありつつ、そのまま潰されたと私は理解しています。そう考えると当時から党の体質は変わっていなくて、そういうことに皆さんは気づいてなかったのか、それでも何とかなると思っていたのか、今に始まったことではないと思えるのですが、どうなのでしょう?

F さざなみ通信については、私もその当時から見ておりました。さざなみ通信に書かれている内容について、党中央はデマだと言ってましたが、私が見た印象では本当のことが書かれていると思いました。

私は大学時代の1991年に入党したのですが、90年代でも共産党あたりでの不祥事がポツポツ起きていて、実際に隠しきれなくなったものは、党の文献などで報告されることを私は見聞きしていて、昔から一定の問題はあったと認識しています。それが改善の方向に行くのではなく、不祥事などを根本的に解決するより、対外的に隠蔽する方針が基本的にやられて、どうしようもなく表に出てしまったものには、もう仕方がないので一定の表明をすることでずるずると来てしまった結果が、今日のような状況を引き起こしたと思います。

また90年代や2000年代初頭は、今よりもまだ党勢が多くて党も勢いがありましたから、そういう問題が起きても全体的には日本共産党がちゃんとした組織だと見られていた部分もあったかと思います。しかし最近は党勢は下がり、選挙でも負けていて、党員も高齢化で機動力も減って党の活力が失われている現状のもと、今までなかなか表に出なかったハラスメント問題が一挙に可視化されたと理解しています。

締め付けが強まった理由は?

Q　現在の新しい体制になって以前よりもパワハラの度合い、締め付け感が強まったという声を聞きましたが、その理由は何なのか?　たとえば新たな指導者のパーソナリティ的な部分なのか?　それとも組織的な雰囲気なのでしょうか?

E　私が感じているのは、どんどんハラスメントの温床をずっと残してきて、そこで生きていける人しか生き残っていかない組織になっているのは、今に始まったことではなくて、うっすらハラスメントをする人たちはいつの時代にもいたと思うのですが、そういう人たちが守られる温床がずっと続いてくるなかで、もうそういう人しか残っていかない。そういう人たちが幹部や専従職員となり、しかも風通しの悪い地区委員会や都道府県委員会、中央委員会を構成し、すごく独特の文化を持った組織のなかで何十年もいる。役所でも3年から5年で部署を変ったり出向したりして、いろんな経験をしていくのに、共産党ではずっと同じ地区に居続けたり、同じ役職に居続けることがよくあるので、そのなかで生きていける人しかいなくなっています。ハラスメントを見ても見ぬふりする人か、ハラスメントをハラスメントではないと言い切ってしまうことができる鈍感な人しかいない。濃度が濃くなってると思います。

G　皆さんが言ってるように、党内が社会に合わせてアップデートしていかない感覚をすごく持ちます。私は1962年生まれで、小学校のときは学校の先生にガッンガッン殴られて、「巨人の星」みたいな児童虐待が賞賛されたりしていました。そういう時代の感覚のままお年寄りが活動していっている。SNSでいろんなことがもう隠せない、そういうのはおかしいとなっていても、その世代はSNSも見ないで、中央や地区委員会から出てくる文章を見ているだけになったりします。

つい最近まで同志だった松竹さんを、党内では「松竹」と呼び捨てするようになっているので、参議議員もされた筆坂秀世さんのことを思い出します。筆坂さんは党内でも人気があったのですが、離党後に党を批判する本を出したら、「筆坂さん、筆坂さん」と言ってた人が急に「筆坂！」と呼び捨てにしていました。党中央が個人攻撃の号令をかけたら、そうなってしまうところがあります。

「党建設」という言葉があり、それは人数を増やすだけではなくて、「思想建設」という考え方があります。マルクスやレーニンの古典などを読んだり綱領のことをよく勉強し学習し、赤旗の論文を読んだりすると、思想的に強化していくという考え方があります。そういうなかで、大山さんはいかに誤っているのかを、ちゃんと学習しなければならないという考え方を、上層部は強迫的に思っているのではないでしょうか。

アップデートをしてないから、どうしていいか分からなくて、私のように意見を言う手段も持ってる人たちがいっぱい出てきていることに対して、それらを謙虚に聞いてアップデートしていく道がない。思想建設のように、いかに結語はパワハラではないとして、大山さんは人格的にも間違っているかのような表現で強権的に活字にして、それを「読み合わせ」と言って、各支部でみんな読んでいます。同じ文章を当番ごとに順番に読んで、赤鉛筆を引きながら、読み合わせをしています。

パワハラ体質が強まっていて、アップデートが遅れて社会の常識についていけないことに対して、強権的にこれまでのやり方を押し付けようとするところが、ＳＮＳで見えてしまっていることではないかと思います。

Ｋ　ハラスメントは昔からありました。ハラスメントは個人がすること、その人のパーソナリティに起因するものだと思っていました。社会的にハラスメントが問題になるなかで、20年ぐらい前から共産党内でもハラスメントは何なのか学習を積んできました。この間、ハラスメントに対する考え方や何がハラスメントなのかということも、社会ではずいぶん発展してきました。ですが、共産党のハラスメント認識がなかなかアップデートしていきません。昔のハラスメントの認識のままです。ここには構造的な問題があるのではないかと思います。個人の資質の問題だけではなくて、共産党の組織の構造のあり方、運動の仕方がハラスメントをより厳しくしているのではないでしょうか。

最近のことで言えば、「130%の党づくり」を前の第28回党大会で決めて4年間やってきました。なんとしてもその目標をやりきるのだと、とくにこの1年間、ものすごくがむしゃらに、やってきました。

新聞社さんは分かると思いますが、今は紙の新聞は増えないですよね。そういうなかで、しんぶん赤旗を3割増するということ自体が、もう本当に無理な課題なのです。そうした無理な課題を押し付けることそのものがハラスメントに当たると今日では言われています。130%という無理な課題にしがみつくことで、この1年間にハラスメント的な体質がぐっと強まったと感じています。

I　あえてどこの県とは言わないですが、先ほどEさんが言った通りイエスマンしか残ってないところがあります。何か批判的なことを言うと飛ばされてしまうのです。そういう状態で、どんどんイエスマンしか残らない状況を実際に見ているので、自ずとどんどん同じ考えの人しか出てこないというか、残らないことになっていると思います。

D　構造的なことを言うと、今の専従者の方たちは専従以外ではもう生きていけないわけです。よほどのことがない限り、ほかに仕事を見つけることがなかなかできないのです。だから今の専従の方に一つだけ同情する部分があるとすれば、従わないと生きていけない、生活の糧がそこでしかもう得られない縛りがあるので、人間としての真っ当な感情を持ってしまうと、そこでは活動ができないという構造的な問題があると思います。

私自身も専従でした。私は夫がある程度きちんとした給料をもらっていたので、今ここに私がいられるのも、そういう縛りがないからです。ここでたとえば私の身分がバレて何かがあったとしても、私の生活が脅かされることはないわけです。

でも、全国の専従者のなかには、たくさんそういう人がいるわけです。そういう意味では、自由にものが言える環境が彼らにないことに対して、私は同情します。でもそれでも、社会の矛盾のなかで生きている国民のために、私たちは共産党員として頑張ろうと思ったわけですから、勇気を持って、おかしいことはおかしいと言ってくれる専従者がどんどん増えていくことを期待しています。

赤旗拡大ばかりで党員拡大を怠ったのか？

Q 田村委員長は次の衆院選で比例代表650万票という、前回からかなり上乗せした票数を目標に掲げていると報道されています。また、これまでの誤りは赤旗を拡張することばかり注力して、党員の拡大を忘れていたというようなことも言われているのですが、このような目標値の高さとこの総括をどのように考え、受け止めていますか？

A　共産党のみならず、いわゆる「共産党系」の団体も含めてですが、目標を高く持つ傾向があります。非現実的とも言える目標を掲げて、目標達成しないのは仕方ないけど頑張ろう、というものがある。これらの数値は何か現実的に根拠があって出しているものではないと、私は感じています。

結語のパワハラを、パワハラではないと居直っている行為自体も、共産党の勢いを下げる行為でもあり、実際にそういう危機感をたくさんの人が持っているからこそ今、地方議会の議員も含めSNSなどで皆さん声を上げ始めています。そのような声を上げている議員を、地区委員会や都道府県委員会が呼びつけて指導している現実もあります。これらのことから見るに、むしろ党中央の方向性が党の力を削いでいるのではないかと感じています。

K　目標がなぜ高いのかは、政治的に共産党がどれぐらいの議席が欲しいのかというところから設定するからです。政治的な必要性から考えるから現実と乖離してしまう。その視点も必要だとは思うのですが、今の現実の力量がどれぐらいあるのか、自分たちの政策がどれぐらい国民に理解が広まり共感してもらえてるのかも含めて、本来は目標が設定されるべきだと思うのです。さっき言った130％もそうですし、実現不可能な、でも根性があればできるみたいな話になってくる。これがハラスメントにつながっていくと思っています。

Q　赤旗の拡張に走りすぎたという総括はいかがですか？

K　その報告を聞いてびっくりしました。赤旗の拡大と党員になってもらうというのは全然次元の違う話です。赤旗は割ととってと言ったらとってもらえます。いつでもやめることができますし。でも党員拡大は、一緒に活動するなかで活動を通じて信頼をしてもらって党に入ってくれるわけです。新聞の勧誘みたいに増えるものではないです。新聞をとってもらうのも信頼関係が必要ですが、新聞をとってもらう以上のもっと長いスパンでの人間関係、信頼関係の構築が必要なのに、新聞ばかり増やして党員を増やさなかったという言い方自体、理解できません。

H　私の印象からすると、この間共産党で党勢を目標通り130％にしようと言っても前回大会現勢すら回復できないといったなかで、なぜ党勢拡大がこんなに進まないのかという追及が各地でされていて、討論集でもそのような意見が載っています。しかし、その理由を中央は明確に示すことができないので、苦し紛れに出してきた理由づけだと思います。赤旗拡大に注力しすぎたと言っていますが、では、その間に赤旗が増えてきたのかというと別に増えていなくて減っているわけです。赤旗がどんどん増えているのだったらその理由も分かりますが、現実としては減ってるので何の言い訳にもなっていないです。

G　長く党員をやっていると、党の理論は非常に主観的で願望的であると感じます。社会環境は悪くなる一方で、常に共産党の出番だという状況認識を「情勢」と言うのですが、その情勢からして「方針」に間違いはないとなるのです。では、なぜうまくいかないかというと、皆さんみたいな反共マスコミのせいであり、それから私たち党員の力量がないからなのだと、問題・責任がみんな外部に行ってしまう。結局、目標は達成できないですが「重要な前進があった」とか「次の前進を準備する足がかりができた」とこれが、ずっと繰り返されています。

先ほど言われたように紙の新聞が増えるのだったら、皆さんだって苦労していないのに、赤旗だけは増えるという方針なので、「そんなことないんじゃないんですか？　『ニューズウィーク』も『少年ジャンプ』も減っていますよ」と地区委員会の会議で言うと、「んー」と冷たい空気が流れて、「月内に前月の目標数字を突破しよう」という論議してシャンシャンと終わる、この繰り返しになっています。

「理論委員会」の新設について

Q　今回の党大会で「理論委員会」なるものが立ち上げられていますが、これはどういったものであるかという受け止めは？　具体的な影響が出ていましたら聞かせてもらえますでしょうか？

F　理論委員会がなぜできたか正直、意図は測りかねますが、私の個人的意見では、昨今の党中央を見ていると、私が入党した90年代と比べるとやはり理論水準がかなり落ちています。90年代には党のメディアも赤旗の日刊紙や日曜版だけでなくて、いろんな雑誌が出てました。赤旗の「評論特集版」という論文ばかり載せた別冊が毎週出ていました。そこに若手の将来論客と目されるような人たちが、いろんな問題について署名論文を書いて、そういう人たちがゆくゆくは党の理論を支えていくという仕組みがありました。

ところが90年代中頃から2000年代初頭にかけて、党のメディア雑誌を読む人が少なくなったので、どんどん廃刊していって、論文を発表する場もなくなってきました。昔は党の国会議員はだいたい本を書いていました。ところが最近は、本を書く国会議員も減っています。「独習指定文献」というのが今まで党のなかにありました。これはマルクスやエンゲルス、レーニンの古典を学ぼうと、まず原典にあたってそこから理論を構築していこうというのでしたが、そういうのも2000年に入って、なくなってしまいました。結局、今は党の理論「科学的社会主義」といっても、原典にあたってマルクスから紐解いて学ぶのではなくて、不破哲三さんや志位和夫さんの著作を読むのが、科学的社会主義の学習となっているのが現状です。

ところが今、マルクス主義を取り巻く現状は、むしろ党外の学者さんが旺盛に研究・発表されています。たとえば東京大学大学院准教授の斎藤幸平さんが代表的で、新たなマルクス主義研究の流れがあります。しかし日本共産党は、そういう流れを受け付けようとしないし、対話もしようともしない。では、なぜ対話しないのかと言ったら党の理論力量が低すぎて、とても斎藤さんと対等な議論ができないからと私は見ています。

だから形なりとも理論委員会をつくったというのは、理論力量を復活させようという意図があるのかと言えば、私はその辺は疑問です。今、党内で松竹除名問題を発端に、いろんな党内で批判・異論が起きています。これを押さえつけるための何か屁理屈を考える委員会なのかと、私はすごく冷たい眼で見てます。理論委員会のメンバーを見ましたが、彼らが書いてる論文は正直言ってもうしょうもないです。私も意見書で彼らの論文について反論の意見を出したのですが、全然答えられないのです。党中央は、その程度のレベルです。ですから私はそういう意味で、理論委員会には期待しておりません。

洗脳ではないか？

Q　Xで流れてきて知ったのですが、報告にあった千葉の大野さんは離党を申し出たけど待たされて、その後処分されたそうですが、Dさんはそういったことは起こったのでしょうか？理論委員会について。たとえば自分の所属している組織で新しい部署ができたら、ここはこういうことをする組織なので、みんな協力して頑張ろうというのが表に出るでしょう。そうしたものが発表された時点で一緒に出るのが普通だと思うのですが、それはどういう説明書きになっているのでしょうか？

大山さんに起こってることは、普通に考えると恫喝や強要、監禁して洗脳が起こってると思わざるを得ないですし、そう見られても仕方がないと分かってるから、大山さんが発信することを禁止していて、そのこと自体も情報を監禁することだと思います。赤旗に載った党大会の結語をみんなで読み合わせして学習するのは、大山さんへの個人攻撃も含まれるので、洗脳を集団的に主導してると、普通の世間では思われないでしょうか？

SNSをやらないご高齢の方や、非常にまっすぐに赤旗を読む方が中心のメンバーでいらっしゃるのは分かりますが、選挙の時に呼びかける外の方がいて、もしくは、ご高齢の方でもお孫さんや息子さん、娘さんに先ほどの結語の映像を観ればおかしいと言われると思いますが。現実がまったく見えない行動が集団的に起こるのは、社会にとって危険な集団になってしまうので、なぜそんなことになっているか説明できますでしょうか？

D　私は4年ぐらい前に離党を伝えたのですが、結局その後、党からは何も言ってこないです。党規約によれば、離党を言ったら、まず所属機関が私の所属している支部に「Dさんが離党したいと言ってるので、支部会議で離党の承認を決めてください」と伝えて、支部会議で離党の承認が決まったら、それを所属機関にあげて初めて離党が決定されることになります。私の場合は党籍が今あるのかどうなのかも正直言うと分かりません。何にも、そういうことが言われてないので。実際「離党します」と言ったものの名簿のなかには、もしかしたらあるのかもしれないし、ないのかもしれなく、それは分からないです。

千葉の大野さんは私のように離党届を出した後に、「処分」されています。離党届を出したあと、SNSを使って党を批判したということで「機関からの罷免」という「処分」をしたあとに、離党手続きが行われました。そこから言うとSNS上での私のことも、党中央も間違いなく分かっています。しかし、私は党中央から一切何も言われたことはなく、完全無視です。

理論委員会に関しては本当になぜ急にああいうものをつくったのか分からないし、Fさんが言われたように都合よくつくったのかと思います。

洗脳みたいなことが起きているのかについて、私の知ってることをお伝えします。都道府県で最高の指導機関・上級機関の県委員会があり、その県委員会総会である人が、松竹さんの本の内容についてすべてが正しいとは思わないけれども、規約にある除名にする場合はきちんと調査して処分しなければいけないとしているので、規約から逸脱しているではないかと発言したら、1週間後に県委員長と書記長から呼び出しを受けて、訂正しろと言われたということを聞きました。かなり長い時間かけて話をしたと聞いています。そういう意味では今ご質問があったように、私たちも田村さんの結語を聞いて、なぜみんながハラスメントだと思わないのか不思議で仕方ないというのが正直な気持ちです。

30代の私の娘に結語の動画を観てもらいました。大会参加者800人ぐらいいるなかで発言している、先ほど流れたあの映像を観てもらったら「これがパワハラじゃなかったら、何をパワハラって言うの?」という感想でした。そして、「そういう組織には、もう絶対入りたくない」ということで、それがまっとうな感想でしょう。しかし党内になると、そうならないのです。洗脳されているとしか思えないというのが、私の個人的な意見です。

E　本当にカルト教団、カルト集団と一緒だと思います。最近、党員のなかでも「本当にまるでカルト集団だね」という言葉がいっぱい出てきます。どんな組織も、どんな理論も、やはりそれを扱うのは人間です。その人間の命や人権がないがしろにされているのですから。

党員は憲法よりも規約で縛られるのか? 党員がハラスメントや人権侵害を受けても外に問題を出せないのか? もちろん、多くの党員は誰か党員にハラスメントを受けたときに、いきなり外には出さないです。党内の身近な人に相談をしています。でも、それができる人がまったくいないと感じたら、いきなりでも外に出すのは仕方がないと思うのです。

人権侵害を命の問題、個人の尊厳が脅かされている問題だという認識のうえにまず立てていないことが、もうすごく恐ろしいことだと思います。洗脳教育のように、赤旗のここを読み合わせましょうという形で順番に読み合わせをして、それを自分のものにすることが支部会議でされています。なおかつ、読んだうえで自分はどう感じたか、「でも、ここはこう違うんじゃないか」「私はこう感じている」「こういう声がある」ということを言って、それらを自分自身の頭で考えて批判もできる組織ではなくなってきてたことが今、究極の表れとして問題が噴出しているのだと思います。

一枚岩で統一した見解で党がこうだと言ったらそれに従うのだと、下級は上級に従うと、党員は異論や違う意見を持っても「保留」して決定したことには従うと規約が解釈されています。自分自身の意見を保留することができるというのは、あたかも党員の権利であるかのように書かれているのです。「党員の権利と義務」の項目のところに書かれているのですが、「保留することができる」とは一体何なのかと長年の党員の方からも最近聞かれて、そうだなと思いました。そんなことは規約に書くまでもなく当たり前のことであって、誰もが自分の「内心の自由」があるので、そんなことすらわざわざ書かれていて本当にカルト集団になってしまっているのだと思います。

C　洗脳について私からも申し上げます。私は最初の報告で、党内意見の集約過程が非常に閉鎖的であること、異端者のあぶり出しや、大山代議員への公開糾弾について話をしました。まさにカルトと同じやり方です。党員が建設的な批判をしても「勝共連合などの反共勢力に利用される」や「支配勢力と結託した反共分子だ」と詰められ、党を批判すること自体が間違いと思いこまされる。「革命のためには反共勢力と闘うのだ」ということで党内の洗脳を強めている。実際には「反共勢力」という単語もカンフル剤として使うだけです。それを打ち破る気など党にはありません。

しかし党は、ビッグ・モーターと同じように、無茶苦茶なノルマを課して、党員の思考を停止させています。「共産党が良い世の中をつくる」という夢を見て党を信奉してしまった党員は、不祥事があってもそれを信じないし、むしろ告発者に対して集団で二次加害をする。これはジャニーズの性加害と同じ構造です。だから今これだけ党内ハラスメントがあるのに見殺しにされているのです。

ただ、私は今でもジャニーズのエンターテイメントが好きですし、同じように共産党が世の中を良くすることも、今も信じています。地域で共産党の市議や県議がすごく活躍しているし、中央でも赤旗の報道で裏金問題を明るみにしたり、共産党には力があると思うからです。だけど党の幹部は信じていません。本当に革命をする気があるとはとても思えないからです。自分の体制維持を「革命のために」と言って洗脳し続けて、本当に世の中を良くする方向に行くのではなく、とにかく自分たちの幹部のイスさえ守ればそれでいいと、とどまり続けているのが非常に問題なのです。

これを変えられるのは、ジャニーズがＢＢＣの報道で変わったように我々が訴えて、マスコミの皆さんのペンやテレビの力で流れを変えてもらって、風通しを良くしてもらうしかないのです。今回の記者会見は11人ですが、同じように思っている人はもっといっぱいいても、声が出せないのです。横につながり支部を超えて話すと分派とされ処分されてしまうからです。でもハラスメントを見ても声を上げられない人や、ハラスメントにあってひっそり離れていったり、本当に傷ついた人がたくさんいるのです。それはおかしいと言えるために、私たちは仲間を求めていることを伝えてほしいですし、情けないですけど皆さんの外圧を使ってでも、共産党を変えたい。共産党が本来持ってる社会を良くする力を発揮するために、ぜひ力を貸していただきたいと思います。

Ｇ　洗脳と言われたら、そうだったのかなと思い出話します。私は60歳を超えたのですが、若い頃に学習指定文献にあった『鋼鉄はいかに鍛えられたか』というレーニンの時代に青年が入党し革命家に成長していく物語を、みんなで喜んで一生懸命読んでいました。そのなかで主人公のパーベル君が入党を認められて、「ああ、僕の体は今日から自分の体ではない、党に捧げるんだ」と感激して友達に話すところが出てきて、当時そういうように頑張ろうと思っていた自分がいたなと思い出しました。おそらく私より上の世代は、そのままアップデートしていかず何が起きているかというと、そのような思考回路があるのではないでしょうか。少し離れてこうして仲間を得て、あのときの自分はどうだっただろうと思うと、言いたくないですけどカルトっぽい感じはやはりします。

Ｉ　理論委員会について知ってる方に聞いたところ、規約にはない委員会で何をするかはやはり明らかにされてないということでした。

洗脳と言われたら洗脳です。何時間も軟禁されて、ずっと「お前の発言のここが悪いんだよ」と延々詰められるわけです。それが結局、各都道府県でまだこれから党の会議があるので、あの結語をそれぞれの県で承認するかどうかが行われていくのです。

たとえば大山さんが所属する神奈川県党大会では、ハラスメントではないというまとめが承認されたそうです。ほかの都道府県でも同じようにやられてしまうと結局、大山発言はこんなにひどいという洗脳教育が、全国津々浦々で起こるという状態になります。これはもう（大山さんに対する）拷問ではないかと私は思いました。

実は大山さんには県党大会の後もう一度、山下副委員長と「懇談」が予定されているらしいという話です。前の懇談という行動自体も非常にパワーハラスメントな状態だったようです。大山さん一人に山下氏と県委員長、同副委員長が囲んで何時間も詰める。もちろん大山さんも、そこで黙ってるわけではないから、そんなこと言われたって分かるかと反論はするでしょうが、結局ガス抜きで終わることでしょう。このあと行われる中央との懇談の対策はよく考えた方がいいと支援者の人たちがいろんな方面からアドバイスしています。とにかく拷問です。

（参加者一同「拷問」）

大山さんには大会については何にも喋るな、一言もコメントするなと指導されています。XやＦａｃｅｂｏｏｋなどで、（党大会で）あんな発言しやがってと批判され続けていても、それらについて反論することさえも許されてない状況です。

Ｑ　つまり事実上の袋叩きを容認しているということですか。

Ｉ　そうです。反論するなということです。

Ｑ　分かりました。すこし戦慄しております。

Ｋ　共産党の人たちが、あれはパワハラじゃなくて「論対論」の批判だと反論しているのですが、先ほどの結語の動画を観れば分かるとおり、「発言は」という主語は少なく「発言者は」「発言者が」が多く使われています。大山さん個人を問題にしているわけです。これはもう論対論ではありません。

最後の質問の怖い集団みたいになっていることについて、「正しい方針」という言い方がありますが、共産党は「正しい」という言葉を結構使います。自分たちが正しいと。そうすると相手は「間違い」になってしまいます。間違いを正すのだから「正義」の行動です。「意見の違い」として受け取らない。「正しい」か「正しくないか」とするところに一番の問題の根源があると思います。

領収書がもらえない経理について

Q　Eさんが領収書をもらえないという話で、ずさんな経理という言い方をされましたが、裏金になっているわけではないですか?

E　裏金でどこかの企業に流れるとかそういうものとは違います。たとえば地区では、専従の給料が低い地域には高いところから平準化するために、市町村の議員歳費からカンパを集めています。それ以外に、こういう目的で使われると思って、たとえば中央委員会や民青へと指定してカンパを渡したはずなのに、民青が聞いていなくて、ちゃんと受け取られているか不明瞭になったり、中央でなくて地区で止まっていたことも発覚していて、実際にその辺が非常に不透明であることが指摘されています。

Q　会計上ちゃんと処理されていない違法なお金の処理のされ方はしてないという理解でいいですか?　たとえば政治団体の収支報告書に記載されてないとか、今自民党で問題になっているようなことが共産党でも行われていることではないという理解でいいですか?

E　そう信じたいです。

Q　領収書をもらえないお金に関して、民青に渡すカンパがそこに渡っていないと感じたということならば、どういう形でお金が使われたのか、プールされているのか、どういうことになっているのでしょうか?

D　私は財政を担当していたことがあるので、答えさせていただきます。共産党は政党助成金を受け取らないので、本当にお金がないです。とくに地方組織はものすごくお金に苦労していて、私の仕事は毎月のみんなの給料をいかにして生み出すかという仕事でした。私できるだけきちんと財政を透明化する努力はしていたのですが、地区委員会がたくさんあるような大きな都道府県ならば、これは想像ですが、実務がずさんになっているのではないでしょうか。たとえば中央委員会の震災募金ということでカンパしたものが、実務者の杜撰さによって地区委員会や県委員会にそのまま残って、寄付者の思いとは違うお金の使い方がされている可能性は大いにあると思います。

第3部

第３回目記者会見

党中央のウソ・妨害・弾圧について

2024 年5月1日

はじめに

B　本日は私たちの「日本共産党の全国大会へ　全党員と市民の注目を党員・有志から求める会」の3回目の記者会見にお越しいただき誠にありがとうございます。
本日も前回、前々回と同様に匿名で行います。便宜上、私の右側からA、私司会B、左側C、後で質問の際はABCと指名して質問していただければと思います。

あと、プライバシー確保の点で皆様にご協力をお願いしたい点がございます。この会見では、スチールや動画撮影共に撮影機材を回していただくのは大丈夫ですが、私たち党中央を批判する行動をしていますので、私たちが最悪処分されるなどの危険もありますので媒体で使う際は、顔にはモザイク入れるなり、顔姿が分からないように加工してください。下の方を撮るとかは全然大丈夫です。あと音声を媒体でご使用になる場合は、音声を変える加工をしてください。

なお、私たちの会でも、速やかに画像のプライバシー処理をしてYouTubeに掲載する予定です。

今日の参加者は3人です。こちらのAさんと私は現役の共産党員で、Cさんは去年まで党員でしたが、ある事情で除籍になりました。1回目、2回目はたくさんのメンバーでしたが、今日は緊急ということもあり、3人になりました。

本日5月1日はメーデーが開催されており、私たちの仲間の多くも各地域でメーデーに参加しています。そういう事情もあり少人数になったことをご了承ください。

今回の会見は、私たち、前回、前々回の記者会見をもとに本を出しましたので、その紹介と、この本を出すことによって、またいろいろな動きが起っていますので、それについて説明したいと思います。

私たちが党員であるという証明書類を出しています。永年党員証という30年以上の党員がもらえる証書、赤旗の早朝配達をやっている写真です。この証拠書類については、撮影は控えてください。見ていただく分には全然オッケーなので、一応こういうものを持っていて、私たちは現役の党員である、この二人に関しては現役の党員であるということを納得していただけたらと思います。

1分くらい時間をとりますので確認してください。

よろしいでしょうか。

基調報告

B　今回は3点ほど報告することがあります。まず1つ目はこの本の紹介。2つ目に、4月19日にTBSラジオ「荻上チキ・Session」で日本共産党の田村智子委員長のインタビューがあり、その内容について。3つ目に、この本の出版に関連して、党中央の方から看過できない動きが現れていることについて。順次説明していきます。

1　本の紹介

まず1つ目の本の紹介です。『日本共産党の改革を求めて　#MeToo　#WithYou』を、あけび書房から出版しました。本日から全国の主な書店や、アマゾンや楽天ブックスなどのネット書店で発売を開始しました。

本の内容は、第1部に、1月に行った1回目の記者会見の様子、第2部に2月の再びの記者会見、会見に参加できなかった方のメッセージも収録しています。

第3部は寄稿と資料です（＊本書増補版では第4部）。

第1に、大野隆さんがブログで発表された『『ハラスメントのない社会』実現と正反対の共産党』を転載しています。大野隆さんは、千葉県の共産党で働いていた方で、市長選挙や衆議院選挙などにも立候補された経験があります。そうした経験に基づいた論考がされています。

第2に、竹浪純さんの「自分が共産党を離党した理由」。青森の方で、今年（2024年）3月に日本共産党を離党し、その時に提出した離党届がとてもいい文章ですので——こちらも竹浪さんがネット上でアップしていたのですが——お願いして転載させていただきました。

最後に、資料として、神奈川の大山奈々子県議会議員の党大会での発言予定原稿、「第29回党大会報告 結語の受け止めについて」「真に民主的な民主集中制の実現に関する問題提起」「第29回党大会結語に関する意見書」の4本の文書を掲載しています。この掲載の経緯などについては、後ほど説明します。

この本の正式な発売は今日からですが、4月20日ごろから一部でプレ発売をしています。私たちの活動に賛同してくれている古本屋さんで、栃木の「かぴぱら堂」さんにご協力いただき、ネット等で販売しています。すでに200部以上売れているとのことで、なかなかの反響であるという状況です。

早速、本を読んだ方から感想が届いていますので、紹介します。

C　後ほど発言の中で、党内セクシュアルハラスメント問題について絡めて発言をしていきますが、その関係で、党内でセクシャルハラスメントに遭った方からいただいた感想です。

１１１頁のEさんの発言、とても怒りを覚えます。被害者の私にも厳しい言葉や態度を向けてきたのは女性党員です。

大小のハラスメントを見て見ぬふりをして、加害者を放置してきた党の責任は、計り知れないと改めて感じました。皆さんの勇気ある行動に敬意を表します。

このようなコメントをいただいています。

B　このような感じで結構反響も大きい状況です。X（旧ツイッター）とかで早速本をプレ販売で入手された方からも、いろいろ感想をいただいています。Xで「日本共産党の改革を求めて」で検索をされると、いくつも出てきますので、後ほど参考にお読みになっていただければと思います。

2 「荻上チキ・Session」田村委員長の発言について

B　4月19日にTBSラジオ「荻上チキ・Session」で、田村智子委員長のインタビューがされました。そこで荻上さんがこの本のことを紹介されて、その内容に基づいて田村さんに質問しました。

今、ポッドキャストやYouTubeなどで音声がネットに上がっていますので、もし可能でしたら後で聞いていただければと思いますが、開始45分後くらいから、この本に基づいた質問がされます。田村委員長は、しどろもどろになったり、動揺した感じがありました。

私たちもそのラジオを聞いていましたが、田村委員長の答えは、かなり事実からかけ離れたものもありましたので、その辺のファクトチェックをこの機会にしていきたいと思います。

この問題については、お二人が報告しますので、よろしくお願いいたします。

①「異論を許している」はウソ

C　ラジオの音声を聞いていただければ、田村委員長が相当動揺して、しどろもどろになっているのが分かります。それから、答えにならない持論を展開して逃げている感じというのは伝わってくるのですが、私は記者会見で田村委員長が述べたことが、ちょっときつい言葉で、品のない言葉かもしれませんけれども、嘘であるという形で報告をしていきたいと思います。

4月19日18時からTBSラジオ「荻上チキ・Session」に田村委員長が出演しました。そこで田村委員長は、党内論議が自由であること、訴願委員会によって党内ハラスメントの解決は道筋があるのだという発言をされました。

私は自分自身の実体験をもって、田村委員長のこれらの発言の嘘を、皆さんに告発します。

まず、田村委員長は、番組の中で、これは（第29回党大会結語で田村氏からパワハラ被害を受けている大会代議員で日本共産党の神奈川県議団長の）大山さんを指しているのかもしれませんが、「共産党は異論を許している。その発言をしたことで何か処分をしたかというと、全然そんなこともしていない。どんどん論議できます」と述べています。

しかし、私は、埼玉県の民医連の党員専務が起こした性加害問題への――これを党が隠蔽しているわけですが――党の隠蔽方針と箝口令を批判し、被害者の救済のために行動しましたが、私のこの言動が規約上の問題があるということで、党から除籍処分を受けました。先ほど紹介がありましたとおり、昨年9月に除籍処分を受けています。私の実体験として、党内で異論は許されず、規約で発言を禁じられ、不正隠蔽を告発しても、規約を守らなければならないとして処分をされることになります。

したがって、番組での田村委員長の発言は明確な嘘です。県委員会の箝口令と私が除籍処分を受けた経過の報告書を置いてありますので、ご参考ください。写真を撮っていただいても結構です（報告書は、第4部に資料として掲載）。

②「ハラスメント根絶」もウソ

田村委員長は、「ハラスメントはこれは絶対根絶しなければいけない」「徹底しているところ」と述べています。

しかし、先ほど述べた埼玉県民医連の中で、前専務（党員）が引き起こした性加害問題は、共産党埼玉県委員会による箝口令によって、いまだに被害者への謝罪も加害者に対する民医連での懲戒、社会的制裁も、それから二度とこういうことがないようにという再発防止の論議もなく、何の解決もされないまま、被害者の泣き寝入りの状態が続いています。

これは県委員長と党員である理事長の協議の結果であり、本来、理事長の業務を監査すべき監事（共産党員であり県委員）が、監査業務をサボタージュしているという結果です。労働組合の役員も委員長、書記長が、共産党員であるということで、箝口令によって身動きができない状態になっています。

田村委員長の発言とは正反対の、党が主導したセクシュアルハラスメント、性暴力の隠蔽で体調はいかがでしょうか。

希望する環境は実現できませんでした。党としては加害男性を除名したことを改めてお伝えします。党の判断など内容はいつでも会ってお伝えできますので、気軽にお声かけくださ
い。なお、他県の地区役員とこの問題について連絡し、この地区役員を介して埼玉県委員会に連絡させる等々の対応はふさわしくありません。今後、そうした対応は控えていただき、必要なことがあれば直接、県委員会にご連絡ください。また、党が除名した事実を他の党員ふくむ第三者に伝えることも、二次被害の拡大を含め問題解決に逆行しかねないものであり、控えるようにしてください。

２０２２年１０月１２日　日本共産党埼玉県委員会

写真　「党が除名した事実を他の党員を含む第三者に伝えることも（中略）控えるようにしてください」と、性加害の被害者に箝口令を敷く、県委員会の文書。中央員会経由で直接刑事された。除籍にあたり、党から公開することの了解は得ている。

あり、被害者への泣き寝入りの強要が行われています。

ここでも田村委員長の発言は明確な嘘だということを強調したいと思います。

共産党県委員会と埼玉民医連の理事長と監事の共謀については、先に御紹介した除籍報告に詳細を記載しています。共産党県委員会からの箝口令は、被害者を含めて私どもにも、これは党外に言ってはならないんだと書いた通知がここにありますので、ご覧になっていただければと思います。写真も撮っていただいて構いません（写真）。

③「訴願委員会で解決」もウソ

また、田村委員長は、「中央委員会に訴願という形で上げることができる」「訴願を担当する場所もちゃんとあります」「そこでもきちんと当事者から話を聞いて解決」云々と述べています。

私は、このセクシュアルハラスメント問題は、この4年間で80通以上の意見、質問、訴願を送りました。しかし、いまだに1通の回答も得たことがありません。それどころか、受理通知、届いたよという連絡すら受けたことがないという状態です。

私がこれまでに送った手紙の中から、中央委員会組織局、訴願委員会、規律委員会、ジェンダー平等委員会宛の手紙を選んで持ってきましたので、よろしければ写真などをとっていただければと思います。

田村委員長が番組で言った訴願委員会に宛てた手紙もありますが、実際に回答をもらっておりません。それから、ジェンダー平等委員会は、手紙を出した当時の責任者は、参議院議員の倉林明子さん、副責任者は今回政策委員長になった山添拓さんです。この二人にはそれぞれ事務所に個別に手紙を送っていますが、一切この二人からの返事はありません。

この二人が責任者として管理しているジェンダー平等委員会からも返事がないということからしても、田村委員長が明確に嘘をついていることが理解いただけると思います。

④「回答しないのも回答」がスタンダード

Ａ　若干補足します。

訴願委員会から回答が一切ない、ほかの委員会からも一切回答がないということですが、党規約では、第5条（6）「中央委員会に至るどの機関に対しても質問し、意見を述べ、回答を求めることができる」と明確に書いてあります。

ただ、これは「回答を求めることができる」となっていますが、それに回答する義務があるということまでは書いていないということを言っている中央委員もいます。社会常識としては、「回答を求めることができる」と書いてあるからには、それに回答するのが当たり前だろうと普通は思うわけですが、例えば、この前の大会で退任しましたが、当時、中央委員、幹部会委員であった増子典男氏は、ＳＮＳでこのようなツイートをしています。

規約には回答しなければならないとは書いていないことを思い出したので確認しました。そして、回答がないのも回答なのだろうと考えます。

誰でも読めるXで、このように発信しています。

「いくら意見を言ってもいいけれども回答はしない」ということが、中央では当たり前になっているのかもしれません。

⑤〝厳しい〟批判は必要ない

もう1つ、荻上さんの番組の中で、田村委員長は「厳しい批判は必要だ」と大会での結語を念頭において言われていましたが、厳しい批判というのが本当に必要なのかと考えています。反論する、批判するということはある程度必要と思いますが、今や厳しい批判というのはハラスメントに当たるのではないかと社会的には認識されてきていると思います。

厳しい批判は必要ないと私は思います。

3　出版妨害の動きを見せた党中央

Ｂ　３つ目は、出版妨害のような動きが見られますので、その報告をします。

まず、その前段階として、神奈川県の大山奈々子県議会議員が党大会で、松竹伸幸氏の除名問題について発言をしたのですが、その発言が党中央によってこっぴどく批判されました。そういう経過もあったので、この本には大山さんの大会での発言原稿、その後、大山さんが党機関に出した意見書など入手することができましたので、掲載しました。

それに関連して、様々な動きが起きていますが、まずは大山県議をめぐる動きを説明します。

① 大山奈々子神奈川県議をめぐる動き

大山さんは、2023年12月に日本共産党の神奈川県党会議で発言をしました。その発言について、神奈川県委員会や中央委員会に呼び出されて、どういう経過であのような発言をしたのかと説明を求められました。

その後、2024年1月の党第29回大会で代議員として出席して発言しました。

発言内容（一部）

「昨年、地方選前に松竹氏の著作が発刊され、その後間もなく彼は除名処分となりました。大事な時期になんということをしてくれたのかと松竹氏に怒る仲間の声がありましたが、問題は出版したことよりも除名処分ではないでしょうか。

何人もの方からやはり共産党が怖いわねと除名になって、やっちゃだめよ、だめだよと言われました。私は党の見解を紹介するわけですが、党内ルールに反していたためだとしても、こんなことになるなら、将来共産党が政権をとったら、党内に限らず国民をこんなふうに統制するんだと思えてしまう党の未来社会論への疑念につながっているわけです。

大山奈々子神奈川県議をめぐる動き一覧

- ●2023年12月　日本共産党（以下、「党」と記述）神奈川県党会議で発言（本書収録）
- ●後日、神奈川県委員会、中央委員会に呼び出され、説明を求められる。
- ●2024年1月　党29回大会で大山氏発言。直後に3人の代議員より批判を受ける。
- ●党大会結語で田村智子委員長より、人格攻撃を含む「批判」と称したパワーハラスメントを受ける。党内外より批判殺到。
- ●後日、山下芳生副委員長より、複数回、長時間にわたり「指導」を受ける。
- ●大会以降、党大会での発言内容を党内外で発言することを禁じられる。
- ●1月22日　党神奈川県北東地区委員会の地区委員会総会で、この間の事情を発言（本書収録）
- ●2月10日　神奈川県党会議で発言（本書収録）
- ●2月20日　大会結語はパワーハラスメントだとする意見書を党中央委員会に提出（本書収録）
- ●4月19日　TBSラジオ「荻上チキ・Session」で、結語パワハラ問題が取り上げられる。

志位さんに言っておいてねと言われましたので、この場に立っています。結社の自由を唱えてみても、党内論理が社会通念と乖離している場合に寄せられる批判を攻撃と呼ぶのではなく、謙虚に見直すことが必要です」

「松竹氏による除名処分の再審査請求がなされたわけですが、これを適切に受けとめて、国民の疑念を晴らすべく、透明性をもって対処することを要望いたします」

この直後に3人の代議員・評議員が、立て続けに大山さんの発言を批判しました。この3人は、大山さんの発言通告を受けて急遽組織されたと聞いています。

この大山さんの発言には、松竹氏の除名に反対をするという趣旨はまったくありませんし、松竹氏の行動や主義主張に賛同して、この発言をしたのでもまったくありません。ただ、松竹氏の意見とか見解とか違いがあったとしても、あのような形で除名をしてしまうというのはいかがなものかという声を多くの市民の皆さんからいただいた、また党内からもいただいたと、そういう声を踏まえて、党はもっと丁寧に対応すべきではないかと、地方議員として当たり前のことを言ったに過ぎません。それがなぜか、まるで松竹氏の思想に影響されたのではないかというような勢いで、この後3人の代議員に大山さんが批判されるということになりました。

その後、党大会最終日の結語で、人格攻撃を含む「批判」と称した事実上のパワーハラスメントを受けることになりました。田村氏は結語で、大山さんに対して「党員としての資格、資質が問われる」という発言をしています。

これは、党の内外から批判が噴出しました。これはハラスメントだと党中央に抗議の電話をした党地方議員もいます。

さらに、山下芳生副委員長に複数回、長時間にわたり指導を受けます。

山下副委員長による指導が、あまりにも激しく長時間に渡ったために、大山さんは「私が自殺しなくてよかったですね」ということを山下氏に言ったということが伝わってきています。

これ以降、大山さんは党大会での発言内容を党内外で発言することを事実上禁じられます。Xでの発言や市民の皆さんとの対話の中で、こういった問題を説明することができなくなりました。

1月22日、党神奈川県北東地区委員会での地区委員会総会で、こうした事情を発言しています。

2月10日、神奈川県党会議があり、大山さんは発言をしました。

そして、2月20日、大会結語はパワーハラスメントだとする意見書を党中央委員会に提出しました。

② 中央幹部の激怒

そういう流れもあり、この4月19日のTBSラジオ「荻上チキ・Session」で、結語がパワハラという批判が出ているという荻上さんの質問につながっていきます。

それで、その4月19日に放送があったことで、その放送を聞いたある中央の幹部が激怒して、「なんでとんでもない本が出るんだ。出版を差し止めろ」という発言があったとする情報を入手しました。この本に大山さんの意見書や発言が掲載されたことで、いろいろ波紋が起きています。

③ 大山文書の入手について

この本に転載するにあたって、大野さんや竹浪さんの論考については、その人たちがもうすでに党を離党したということもあり、本人の承諾をいただき掲載しました。

しかし、この大山さんの文書に関しては、大山さんに連絡はとっていません。一切は私たち編者の責任で掲載しました。

この大山さんの文書をどこから入手したのかですが、一部では大山さんが漏らしたのではないかという噂も流れていたりしますが、これは事実と反します。大山さんやその周囲の人たちから流出ということはありません。私たちは違うルートからこの文書を入手しました。大山さんとはまったく関係のない情報提供者から入手しました。

私たちは心情的に大山さんの党大会結語はパワハラだという意見をなんとか後押しをしよう、応援をしようという思いは持っていますが、実際に大山さんと連絡をとったり、やりとりをしたり、お会いしたことは一切ありません。

大山さんは党大会以降、党大会の発言の内容やそれに対する真意の説明などを党内外に発表することを党から禁じられています。そうした状況下で、私たちも、その大山さんの真意をなかなか知ることができませんでした。そうしたなか、これらの文書を入手しました。この党大会発言全文を読めば分かりますが、この発言は大会結語で田村副委員長（当時）が言った「党員としての資質が問われる」という内容ではありませんでした。

むしろ、党内外の率直な意見に耳を傾けるべきだ、そして、松竹伸幸氏の処分について、もっと慎重に対応していくことを求めたに過ぎないという内容でした。

かねてより私たちは、大会結語が人格攻撃を含んだパワーハラスメントだと批判してきました。ですから、この一連の文書をあえて私たちが公開することで、大山さんの身の潔白を、大山さんがそういう情報を漏らしたわけではないということを世論に訴えていくことが必要だと判断しました。

意見書や発言の内容も、今後、日本共産党の路線をどのようにしていくかということを考える上でも大変重要なものだと感じました。日本共産党の路線に対する議論を巻き起こして、日本共産党が国民からより信頼される党に改革をしていくためには、大山さんの意見書を広く知らしめて議論していくことが必要だと判断しました。

いわばよく組織内で問題が起きたときに、内部文書などがマスコミを通じて公開されていますが、これと同じようなものだと判断して、掲載を決断しました。

この本への掲載の一連の経過については、大山さんやそのサイドの人たちはまったく関与していません。すべて私たちが独自に入手をして、独自の判断で載せたということを強調しておきます。

掲載にあたり、大山さんに承諾をとることも一度は検討しました。しかし、私たちが大山さんに接触をして、大山さんがそれを受けて承諾をするという事実ができてしまうと、大山さんが党から分派活動の嫌疑を受けて処分をされてしまう危険性が高いと判断しました。

④大山さんは悪くない——言いたいことあるなら編者に

そこで、私たちは、あえて大山さんと接触せず、承諾もとらずに載せたということです。その後、この発言・意見書が載ったことで、大山さんが党内でどのように言われているかという点については、私たちはまったく情報を持っていないので知る由がありません。

ただ、もし大山さんの文書の掲載により、例えば、党が大山さんに対して、「この本に載った文書をなんとかしろ」というような、何かしらの対応を求めるということがあるのならば、それはまったく筋違いです。大山さんは何も悪くありません。もし党が、問題があるとか言いたいのであれば、直接私たち編者の方に言っていただきたい、申し入れていただきたいと思います。

⑤最高幹部の暗躍

なぜここまで党がナーバスになっているのか、誰がこれを指示しているのか。（大山さんが所属する）神奈川県委員会が独自の判断でやっているわけではありません。これは党中央の最高幹部の指示です。

党中央で一連の動きを指揮しているのが市田忠義副委員長であるという情報を複数のルートから入手しました。市田副委員長は、今、人事局の局長代理です。人事局というのは、文字どおり人事をつかさどる部署で、例えば一般企業とかでも人事部というのはなかなか大きな権限を持っていますが、日本共産党中央に関してもまったく同じことです。

浜野忠夫人事局長は、90歳を超える高齢で、大まかな方針とか出すことができても、なかなか実務までやるにはお年ということもあり難しい。そこで実際、実務を取り仕切ったり、あちこちに行って指導したりしているのが、市田人事局長代理です。

この間、複数回にわたり、市田氏が神奈川県委員会を訪問して、神奈川県委員長などと会議をしているところが、確認をされています。また、市田氏は、神奈川の問題だけでなく、福岡県委員会の神谷貴行さんが規約違反の嫌疑をかけられて権利制限を受けましたが、そのときも市田氏は福岡県委員会に数回出向いて、その問題の指揮をとったと聞いています。

⑥ 2中総の秘密報告

4月6～7日に、第2回中央委員会総会（2中総）が開かれました。そこでは日頃ない動きがあり、非公開報告が――我々は秘密報告と言っていますが――行われました。その秘密報告では、異論を党外でもわかる形で表明している党員に対して厳しい態度をとるということが確認されたようです。

ネット上にその秘密報告の要旨が載っているので紹介します。

松竹・鈴木らによる一連の撹乱とメディアによる反共攻撃の影響を受けて、綱領や規約に確信を失っている党員が全国的に生まれている。

背景には党大会決定の無理解、徹底の不十分さによる敗北主義がある。党としてあいまいにやり過ごすことが許されない問題だ。党への撹乱と反共攻撃の本質を深くつかみ、敗北主義を克服することなしには党の前進もない。

反共攻撃の影響を受けた党員はごく一部ではあるが、過小評価してはならない。これは階級闘争の過程では不可避の事態であり、克服・成長する機会と考え、攻勢的に打開する必要がある。

事態の政治的本質をしっかりとらえた指導が必要である。また、反共攻撃の影響下にある党員については、規約に基づく適切な指導と援助が必要である。規約に反する言動には毅然とした対応をとるべきである。党機関が事なかれ主義に陥ってはならない。

敵対的意見をSNSで発信している同志には、規約（「党の諸決定を自覚的に実行する」「決定に同意できない場合は、自分の意見を保留することができる。その場合も、その決定を実行する。党の決定に反する意見を、勝手に発表することはしない」）を厳格に順守させる必要がある。

党規約に照らせば、党の方針や指導部への批判をSNSで外に発信することは明白に規約に反している。党を攻撃あるいは決定に反する意見をSNSで発信・リツイートすることも規約に反する。そういうことをしている党員を発見したらただちに上級機関に報告を求める。都道府県委員会として報告を求める。

という報告がされました。実際に異論排除の流れが起きています。この2中総のちょっと前くらいから、SNSで党中央批判をしている党員に対して、だいたい匿名で書いている人が多いのですが、匿名の個人を特定することを党はやっています。

何人もの人が党の機関から呼び出しを受けて、投稿を印刷した束をドンと目の前に突きつけて、「これを書いたのは、お前だろう」との厳しい追及が各地で行われています。実際に追求されという人がXでも報告をしています。

特にひどい例ですと、北関東のとある地区党会議の代議員が、当日、会場に行ったら、「このツイートはあんたのだろう。こういうことを書いているのは規約違反だから、今調査に入ったから会議には出させない」と言って門前払いを受けました。そのことは前日に決まっていましたが、当日になって突然に言われています。こういうとんでもないことが行われているわけです。

なぜそういうことをするのかといえば、前日に伝えると対策をされてしまう、当日に抗議に来るかもしれない、だから、当日いきなり言って出鼻をくじくということまでやられているわけです。

こうした異論排除の陣頭指揮も、市田氏が行っていると見てよいと思います。

こうした流れの中で、この本につきましても、この大山さんの意見書を掲載したことを口実に、発売を差し止めろとか、また普及をさせるなといった策動が実際、党中央の一部幹部の主導で行われているという状況が把握されています。

私たちは、このような動きに対しては断固抗議して、予定通り本日から全国発売を開始しました。もし党中央がこの本に対して批判があるのでしたら、正々堂々と言論によって批判、申し入れをしていただき、私たちと議論をしていただきたい。そういう道をとっていただきたいと考えております。

補足ですが、先ほど2中総で小池書記局長が秘密報告をした概要を話しました。

その中で、松竹・鈴木問題で「除名はおかしい」という党員は、「反共攻撃の影響下にある党員」とレッテル貼りをされています。

また、「敵対的意見をSNSで発信している同志」ですが、党中央を批判している党員は何も党中央を敵視しようとか貶めようとか、そういうことは一切なく、ハラスメント問題を放置するな、対策をしろ、もっと国民の声を聞けと、そういう真っ当な意見、批判を指して、これは党中央に対する敵対的な意見と決めつけています。

さらに酷いのは、そうした党員を発見したら上級機関に報告を求めています。これはもう密告奨励です。昔のソ連とまったく同じです。こういうことをやる政党が政権をとったときに、国民に対して、「そういうことをしません、民主的にやります」と言ったところで、誰も信じませんよ。そういうことを党内外から批判されているのに、まったく聞く耳を持たない。本当に異常な状況だと指摘をしておきます。

質疑応答

指導部に期待することは？

Q　この本を受けて、改めて共産党の指導部に対して期待されることがあれば教えてください。

B　この本に掲載してあることはすべて事実ですので、書かれている内容を真摯に受けとめて、私たちが訴えている方向で改善をしていただきたい。党改革をして、国民の皆さんに支持していただける党になることが、自民党政治を変えていく上でも重要なことだと思っていますので、私たちは期待しています。

出版停止を求められているか？

Q　具体的に何らかの出版停止を求める声が直接届けられたケースがあるのか、もしあれば教えていただければと思います。

Ｂ　出版停止を求める声は、今のところ直接には来ていません。

Ｑ　今の出版停止を求める動きについてですが、私が聞いたところだと、抗議文みたいなのを出させようとしているという噂を聞いたのですが、具体的には何もなかったという理解でいいのでしょうか？

Ｂ　抗議文というのは、具体的に誰が誰にということがちょっとよくわからないんですが、私たちは直接的にそういう動きは聞いておりません。

初版の刷り数は？

Ｑ　この本についてですが、初版何部くらい刷られたのか。また、今日発売で先行販売を行って、かぴぱら堂さんで２００部以上売れたとのことで、かぴぱら堂さんは栃木にあるみたいですが、みなさん栃木まで買い行かれたのか、それともアマゾンなどの通販で２００部売れたのか、その辺の内訳を教えていただければと思います。

Ｂ　最初は、２０００部刷りましたが、残部が残り少ない状況です。２つ目の質問で、栃木のかぴぱら堂さんがこの趣旨に賛同していただいて、普及に協力してくださいました。かぴぱら堂さんは店舗を持っていないので、すべてネットで販売をしています。Xで告知をして直接取引をする、ヤフーオークションとヤフーフリマのプラットフォームを使って販売する、「日本の古本屋」という古書組合が運営しているサイトで販売するという、3通りのやり方で販売をされたと聞いています。

この本はもちろん一人ひとりが1冊ずつというのもあるのですが、なかには仲間に広めたいとか、一緒に読んで学習をしたいという需要もありまして、一人で10部や20部とか購入されていく方もおられます。そういうのは、かぴぱら堂さんが直接取引したみたいです。

あとは個人の一人1冊ずつ買われる方は、ヤフーオークションの利用が多かったと聞いています。一人1冊ずつの購入者の方も50人以上いたと聞いています。

大山文書は本物か？

Q 「資料　大山奈々子代議員の発言・意見書」の中で、発言の原稿が縷々あります。この発言原稿は独自に入手されたということですが、これが本物の内容で事実であるという証明が、わかりかねる部分があるのですが、どのように正真正銘のものであると理解していいのか説明をいただきたい。

あと、発言予定原稿もあるのですが、実際の発言とはまた別で、これは原稿であるという理解でよろしいでしょうか。

B　これがどのように本物であるか、私たちは情報提供者の秘匿をしなければいけないので、あまり詳しいことは申し上げられませんが、情報提供してくれた方が、党内のそれなりの場所におられる方であったということが1つ。あともう1つは、その書かれている内容を総合的に判断して、これは虚偽ではない、怪文書の類ではなく、実際にそういう場で発言をされた、意見を出された文書であろうと判断して、これは信憑性があると認め、この本に掲載しました。

あと、第29回党大会の発言予定原稿についてですが、これは原稿なので、おそらく大山さんが党大会で発言するときに、この原稿を用意してお話されたものだと思います。ですので実際にしゃべった文言などとは、微妙に食い違いがある可能性はあるのですが、文意や述べられている内容については、すごい違いがあるとかそういうことはなく、この本に掲載されている原稿も実際に大会で話された内容も、基本的に同一の内容だと思います。細かい語句の違いとか多分あると思いますが、内容的には同じと理解しております。

党のイジメ体質が一番の問題では？

Q　大山さんが党大会の後、山下副委員長より複数回長時間にわたり指導を受けると、これはいつ、何回ぐらい、どういう形で行われたのか？　結果として、大山さんが「私が自殺しなくて良かったですね」と言ったのですか？　2月15日と19日に山下さんと会って、大山さんはいろいろな主張をしていますが、20日に小池書記長が（記者会見で）「ハラスメントではない」と言う。だから、党大会で発言をした後、そういうイジメがエスカレーションしているのではないかと。そうでなければ今のような発言にならないと思うのです。

大山さんはどういう状況下で、複数回、長時間の指導を受けたのか。私はこれが本当の問題だと思うのです。大山さんに賛同した人間に対して党が懲罰をしようとしているわけですが、そこまで追い込まれたというところの経緯、知っていることを伺いたいです。

B　私たちは直接、大山さんのことを知っている人たちとはまったく交流がないものですから、私たちもネットやSNSの断片的な情報をもとに知るということと、あと、どちらかといえば中央サイドの情報提供者の方から情報を聞くというのがメインになっています。ですので、大山さんが具体的にどのような状況に置かれているかというのは、正直わかりかねる部分があります。

ただ、山下副委員長が複数回指導に来て、それぞれ3~4時間の長時間にわたり、大山さんの見解は誤りだから、党中央が言うような考えに改めろというような指導を受けたと聞いています。ただ、それを具体的にいつ、どこでとか、具体的な指導の内容については、私たちも情報を得ていないという状況です。

Q 自民党であれ、どこであれ、党大会は基本的にパフォーマンスです。だから、大山さんが発言した後、3人がかなり激しくやったけど、これが共産党のある種の文化なんだろうというのが、率直な受けとめです。

問題は、その後に、次々と最高幹部から指導を受ける。これはイジメであり、これこそがリンチです。そこが一番問われるべきです。

そうやって最高幹部から、圧をかけて、もしも自分が精神的に追い詰められたり、そのような状況になっているのだとしたら、それこそ共産党は反省すべきで、「私が自殺しなくてよかったですね」と言ったのかどうか、山下さんに聞いてみたいと思いますので、そういうファクトあるのか教えてほしいです。

A この本の第2部に、2回目の記者会見の内容として、「大山県議への執拗に続くハラスメントを認めるべき」で、大山奈々子県議の支援者からの情報として、今言った内容がある程度は明らかにされています。
1月5日に中央から山下副委員長が来て「口封じではない」と前置きした上で、3時間半に及ぶ実質的に発言中止を要望する懇談がありました。この懇談で大山さんは、結果として口封じだと感じたと後日話しています。（略）
また大会後も、山下副委員長との懇談が5時間行われました。懇談内容が大山さんの発言内容が誤りであると認めさせようとする内容であり、圧力そのものと言えます。（略）
この懇談の中で、大山さんは結語がパワハラであることを、すでに訴えています。大会が終了した翌日、大山さんは山下さんに「私が自殺していなくてよかったですね」と話しています。

という内容が書かれていますので、ぜひ本を読んでいただきたいと思います。
Q　それは事実だと皆さん思っているのですね？
B　私たちは、それが事実だと思っています。
Q　それと同様なことは、誰でもそうなる可能性があると思いますが、九州にもそういう人がいるみたいですが、どうお考えですか？

B　それは言われる通りで、全国でそうした例が起きています。九州の福岡の神谷さんのことだと思いますが、神谷さんは県常任委員です。大山さんは県議会議員です。地方で党の看板を背負っている人に対しては、よりいっそう、党中央からの圧力が厳しくなっているというのはあったかと思います。

党大会後のこうした動きは、二次ハラスメントと言えます。ハラスメントという言葉だと、本当にまどろっこしい、イジメですよ。

この問題を広く知っていただいて、党中央が自分たちで改革できないのだったら、党内の世論の盛り上がりで、党はきちんと反省して、ハラスメントの体質を改めるということをしていかなければいけないのではないかと考えています。

この出版で大山さんが処分されるのでは？

Q　党規約で、個人の意見を言うことができるとありますが、それを外でせず内部で解決しなさいと明確に書いてあります。すると、この本が出たら、大山さんは、「あなた、考え方を変えなさい」と上級機関から指導があったわけですが、これは明らかに処分を受けるであろうと考えられます。それを承知でこの本を出されていると思いますが、やはり、活字で出すのは全然違います。

これで処分にならないということを、大山さんが守られているのか、どういう正義でこういう本を出そうと考えているのでしょうか?

B　私たちは、大山さんについては、なんとしても大山さんの立場は守らなければいけないと考えています。

実際この本が出たことで、大山さんにあらぬ形で、もしかしたら今言われたような迷惑がかかる可能性もあります。その辺は、もし実際にそういう問題が起きたら、抗議など何らかの行動をとって、大山さんに累が及ばないような行動をとろうと思っています。

本を出したことは率直に言えば、「出過ぎた杭は打たれない」ということもあり、それを狙っているところもあります。いろいろな党員を調査しているのも、結構、人によって温度差があり、それほど大したこと言っていない人にも調査がされることもありますし、逆に何でもかんでも言いたい放題言っている人には、意外に調査が少なかったりします。

ですから、党も相手を見てやっているのかなと。潰しやすい相手には強く出て、何でもかんでもばらされちゃうような人には及び腰、そういう傾向があるのかなと思っています。

この本を出すことで、社会的にいろいろ明らかにし、党中央が裏から何か抑圧をしようというのを、皆さんに実態も含めて知ってもらうということで、その抑止力になったらいいという意図もあります。

権利の制限は処分ではないのか？

Q　ＴＢＳラジオのインタビューで田村さんは「発言を許している」――許すという発想自体がどうかと思うんですが――「それで処分をされていない」と明言されています。一方で、大山さんは自分がこういうことを発言したとか、ＳＮＳなどで党内外に告げるなり、言うことを禁止されていると書かれています。

これは普通の日本語だと処分されていると考えるのが普通だと思います。狭い意味での除名、除籍、警告とか戒告とかではないかもしれないですが、いわゆる一般の社会人として、もしくは社員として、組織員として、許されるべきことがされていないのは、処分だと思いますが、これは党の中で問題になっていないのでしょうか？

Ｂ　大山さんが党大会以降、党大会での発言なども含めて自分の考えや身に起こっていることについて、事実上発言を禁じられているというのは処分なのではないのかという質問ですが、これは正式な処分ではありません。

党員を処分するというのは重大な行為ですから、規約でもいろいろ定めがあり、処分の要件を満たしているのかどうか調査をしなければいけません。その調査審議中の党員の権利を必要な範囲で制限できるという規定がありますが、そうした手続もすっ飛ばして、規約に基づかない、「よくわからないけど、ちょっと今調べているから」「ちょっと規約違反に抵触するかもしれないから」「とりあえず発信するな、黙っていて」みたいなよくわからない口実で、そのような状況に置かれていると見ています。

「言いっ放しではダメ」はウソ?

Q　Cさんは、訴願委員会に（意見書を）いっぱい出したけど、受け取ったという返事すらないということですが、田村さんのインタビューでは、「いろいろ言っていいんだけれども、言いっ放しではだめなんです」というようなこと言われています。つまり、回答をしていないということは、言いっ放しの状態、しかも外に漏れない言いっ放し、握りつぶしという状態を党が放置している、言いっ放しの状態を自らつくっているということだと思います。Cさん以外に、言いっ放し状態をつくっているというのはCさんだけなのか、ほかにも続発しているのでしょうか?

C　回答もなく、受け取ったという返事すらない。それはつまり、言いっ放しの状態をつくっているということです。

それが事実であるかどうか、間違いなんじゃないか、こういう考え方もあるよね、みたいなことを互いに交流することで、事実関係が明らかになるというのが普通の組織だと思います。意見、質問や訴願をした私だけが言いっ放しということで、上級がそれを受けとめたのか、郵便事故で届いていないのか、もしくは内部で「あいつ、いつか除籍したるぞ」というような相談をして、どこかで決めたのかということは、私には全然わからないという状態です。

私は言いっ放なされたという状況ですから、田村委員長が言われた「言いっ放しではだめ」というのはウソだと思います。

Q　ほかにもそういった例はあるのでしょうか。

B　私も松竹氏の除名以降、党中央に何回か意見書を提出をしましたが、回答は一切ありませんでした。ほかにも、意見は出したけれども回答がこない、受け取りましたと返事すら来ないとか、いろいろ聞いています。

Q　そうすると、常に隠れてというか、党の外はもちろんですが、中の人もほかの仲間の人たちもわからない形で、常に中央に有利な状態をつくって、無視したり、何時間も詰めるみたいなことをやっていて、それはオープンにならない、イジメを隠れてやっているということですか？

B　そうですね。そういう感じです。

C　私が「回答がない」とXでポストしたら、「オレにも返事来ない」とか、「私も」「僕の親も言っていました」など、たくさんリプライが来るので、おそらく多くあるのだと思います。

かなりリアルなものとしては、大阪府富田林市でハラスメント問題があって、党中央が珍しく、ホームページでも自己批判的なものを出し、反省をすると言っていますが、富田林の地方の方でちゃんとしてねみたいな、中央の責任逃れのような文章になっています。その被害者が田村委員長に直接、意見質問をしていますが、知らぬ存ぜぬの状態だといいます。直接その人に聞いたというものではないですが、そうした情報は我々たくさん持っていて、富田林も恐らくそうだろうと思います。

Q　間接的に聞いたという富田林の件は、直接確認することはそもそも許されるのか？　つまり、中央の方があやふやなことを言われて困ったときに、富田林に当事者に会いに行って、事実かどうかを聞いて、「より詳しく聞きました。これはもっと大きな問題ですね」みたいなことをするのは許されるのですか？

普通の会社であれば、例えば、営業2課でとんでもないことが起これば、営業2課に行って「本当なの？　とてもまずいんじゃないの？」と聞くことが普通の組織だと思いますが。

C　直接確認できるかということについては、率直にできないということです。例えば、富田林に大学のときの活動の仲間がいたとして、「富田林のこと心配なんだけれども、どうなっている？」と、その仲間に電話したら、それは処分の対象です。

実際にどのように確認をしたらいいかというと、回答する意思があればの話ですが、例えば、台東の地区委員長にこういうことを聞きたいんだと言うと、「よし、わかった」と言って、地区委員長は都委員会に連絡をして、都委員会は「よし、わかった」と言って中央委員会に連絡をして、中央委員会が「よし、わかった」と言って、大阪府委員会に連絡をして、大阪府委員会が「よし、わかった」と言って、富田林に連絡をして、「ああ、そうかそうか」となり、今の逆をたどって、私のところに、あれこれこうだという回答がきます。

私が直接富田林の党員仲間に「どうなってんねん、心配してんぞ」「ああいうのよくないわ」「こういうふうにした方がいいよね」みたいな相談をすれば、それは分派になる、そういう掟があるということです。

規約では第3条（4）「党内に派閥・分派はつくらない」、第17条「地方的な性質の問題については……自治的に処理する」というルールがありますが、結論、最初に言ったとおり、支部を越えて交流することはできません。すると、処分されるということです。

隣の支部というか横支部またぎで相談をするということは禁じられています。ただ、本当に禁じられているかというとそうではなくて、例えば東京都の小選挙区でも、文京区と台東区と荒川区とか選挙区がまたいでいたりしていますが、そういうところは、それぞればらばらの地区、ばらばらの支部が集まって、一緒にビラをまいたり、いろいろな活動計画を相談したりしています。ですから、党に都合のいいことについては問われない。党が異論だと思うことについては、それは支部をまたいではいけないよという。癇にさわると処分だということで、非常に規約が空文化しているというか、人治的な解釈、恣意的な解釈がされているということだと思います。

市民道徳を守ることが優先されないのか？

Q　今までの一連の質問の中で、横で聞いたらいけないということでしたが、規約2章の党員の権利と義務は次の通りとあり、（1）「市民道徳と社会的道義をまもり、社会に対する責任を果たす」、（2）「党の統一と団結に努力し、党に敵対する行為を行わない」とあります。これは普通に考えると1番の方が2番より優先されるのが一般的な立て付けだと思います。

皆さん3回目ということなので、こういう声を上げた方への共感の声は、皆さんの肌感として高まっている、党の中で、その声は増えてきているという認識なのかお伺いしたい。

C　選挙のときにビラを配っていて、「志位さんは長い」とは言われました。「こんなに言われるようになったのは本当に辛い。ビラ配りで辛いものがある」と、会議で言ったこともあり、そう思っている人は多かったと思います。ただ、それを会議で公然と発言した人は、私以外にはいませんせん。

規約の5条で1番目に、「市民道徳、社会道徳を守る」とあり、次に「団結を守って党に敵対する行為は行わない」となっていますから、序列としては「市民道徳を守る」のが優先だと普通に解釈されると思います。党員による性暴力が行われた、これは明確に市民道徳や社会的道義に反することであり、これを正すのが党員としての第1の義務であるはずですが、それは規約の8つ目の「党の内部問題は党内で解決する」よりも下になってしまって、再発防止のための論議をしようとしても、「党内で解決するんだ」「除名でいいじゃないか」など党内問題で除名で終わりにしようとなり、それ以上、「不同意性交を懲戒免職にしろ」と言うと、「党内の問題を勝手に発表」したら、「処分ですよ」と、私は除籍になりました。

党員の権利と義務は非常に恣意的に、党内秩序、党の組織防衛が優先されていると、骨身にしみて感じています。

11条に除籍について書いてありますが、「除籍は処分ではない」と言います。処分は49条で、警告、権利停止、機関からの罷免、除名の4段階があります。除籍は事務的な手続きなので、除名と違い弁明の権利もありません。
こういう恣意的な運用がされていて、うまく使われていると思います。

「人事は大会で決まる」はウソだった?

Q　週刊文春の志位和夫さんと阿川佐和子さんの対談で、志位さんは、小委員会をつくり、自分は要するに年齢で辞めるんだと内々に実は話していました。たしかずっと「人事は大会で決まることだから言いません」「先に決まってるみたいなことは嘘です」みたいなことを言われていたと思いますが。

A　週刊文春での志位議長のインタビューについては、一定程度話題になっていたので、我々も何か言わなければとは思っていました。この中で志位議長は、昨年の9月ぐらいから「人事小委員会」をつくって、志位さんが「70歳なのでそろそろ交代した方がいい」と話されたのですが、マスコミには「人事は党大会で決まるのでまだ何も決まっていません」と聞かれた際には答えていました。

SNSでも、(委員長は)「田村さんに変えるんじゃないか」という噂もいっぱい出ていましたが、党員で中央を信じて疑わない人たちは、「そんなことはあるはずがない」「そんなことまだ決まってるはずない」と、信じて発信している人もいました。

党大会前の中央の発言がまったくの嘘ということが、党大会後の記者会見でも志位氏は同様の発言をしていますが、明らかになったわけです。

規約上は人事小委員会というのはありません。ただ、「指導機関は、次期委員会を構成する候補者を推薦する」という規約がありますので、次期中央委員を誰にするか推薦することが規約上は認められています。しかし、その中央委員をどのような基準で選ぶかは、大会で決定します。「中央委員会の選出基準の構成について」が党大会に提案され承認を受けます。それに基づいて、中央委員の推薦が行われることになっていますので、党大会前に、次期中央委員を推薦するということはできないはずです。

さらには、党大会中に中央委員を推薦することはできるが、議長や委員長を前の指導部が推薦することができるという規約はありませんので、いろいろな意味で規約上や公式に表明していることと、実際に行われていることが異なっているのではないかと思っています。

人事を握っているのは高齢幹部？

Q 志位さんは「69歳で節目だから」と言ったそうですが、一方で、市田人事局長代理は81

歳、浜野局長は91歳です。浜野局長は、２０００年からずっと人事局長で、四半世紀を超えてやられていることが問題になっていないのでしょうか。

Ａ　党内でそれを問題にしている声を、我々のような者以外では聞いたことがないです。志位さんは、交代の理由は、一番は年齢だと、それ以外については何も話していません。体力的に問題が出てきたとか、精神的というか、思考の問題で若い人についていけなくなったとか、そのような話はまったく出ずに、年齢のみで、「70歳になったから」ということだけを交代理由としています。

そこで思い起こしていただきたいのは、高齢の方がいつまでも長く幹部にとどまっているという問題が、常に共産党は話題になります。昨年の1月に鈴木元さんが除名されたことに絡んで、志位さんがいつまでも党首を続けていることは問題なのではないかというのが結構話題になりました。そのときに、市田副委員長はフェイスブックでこのような投稿をしています。

《イメージや若さだけで革命党の指導部が務まるほど、なまやさしいものではありません》

一部に、「人心を一新すればイメージが変わり、もっと伸びるのではないか」という議論もあります。しかし、イメージだけで、革命党の指導部が務まるものでないことは明らかです。この仕事が、イメージや、若さだけでつとまるほど簡単なものでないことは、組織や団体、政党に少しでも関心を持つ人なら誰にでもわかる自明のことではないでしょうか。

こういうことを言った市田副委員長が人事の主導権を握り、中央委員の推薦名簿の提案や第1回中央委員会総会で決定した新しい人事について報告をしています。ここまで明言しておきながら「70歳で高齢だから交代」をあっさりと認めたのはどういうことなのか、市田氏の弁明をぜひ聞きたいと思います。

B　「革命党の幹部は生易しいものじゃない」「若さやイメージだけではできない」という意図が、今回の言論弾圧のような動きを市田副委員長が指揮をしているということでよくわかりました。

こんなハラスメントまがいのことを、議論を行った人間に対して突きつけて、ド詰めにして考えを変えさせようとするなんて、並みの神経ではできませんよ。こんなことできない方がいいに決まっているんですよ。

こういうのを放置していたら、いつまでたっても日本共産党が怖い党だという疑念が払拭されないわけで、私たちはそれをなくしていって、世間一般の社会常識、人権意識、ハラスメントを克服していく一般的な今の社会通念に合った組織に改革をしていかなければいけないと考えています。

C　田村副委員長（当時）が参議院から鞍替えをして衆議院に出馬をするとなって、ほとんどの人が、次の委員長は田村さんと内々で決まったんだなと察したと思います。

その後しばらくして、「禅譲された」という報道があって、中央委員会に電話しました。「何かこういう報道があるけれど、本当ですか？　規約では大会で人事が決まるんですよね？」「そうです。嘘です」と。その方は電話の窓口の方でしたが、おそらくそのような質問をされた方が100人いれば、その方が100人の電話をとっていれば100回嘘をついているんだろうなということです。

「こういうふうにして小委員会をつくって検討したんだ」というのを報告すればいいのに、「一切そういうことはないんだ」「党大会で決めるんだ」と言い続けて、「反共右翼マスコミ」とレッテルを貼っていた文春で、阿川さんの前で調子に乗って、「内々で相談して田村さんにしようと決めたんだよね」みたいにペロッとしゃべるのも、ちょっと腹が立つというのが、真面目にやってきた党員の感覚ではないかと思います。

人事小委員会のメンバーは？

Q　人事小委員会のメンバーは、党の中の方はご存じなのでしょうか？

普通の会社でも取締役会の前に、内々にこの人を推薦しようみたいなことを、現執行部がすることはあると思いますが、逆に取締役会のほかのメンバーが、現状と変える、この人の方がいいではないかと相談することもあって、最終的には正式な場の取締役会で闘われるというのが普通の組織だと思います。ですから、事前に言わないこと自体はあり得るのですが、小委員会という正式な組織があるのなら、それは言わないとまずいと思います。

C　小委員会があることも知りませんでした。

Q　事後説明でも小委員会とは何名で、誰々と誰々と誰々でしたというのは、皆さんはいまだに知らないということですか？

C　知りません。もし中央が知らせる意思があれば、赤旗に載ると思うので、知らせる必要がないと思っているか、知らせたくないということだと思います。

第4部
寄稿と資料

寄稿

県委員会に置ける神谷貴行氏への袋叩き・いじめ

党員Z

神谷氏の来歴

本書の各所に出てくる神谷貴行氏について、彼が党組織から受けている不当な扱いを深く憂慮する立場から、彼の紹介と現状を書いておきたい。私が所属する地区委員会の関係者や、県党会議（いわゆる県大会）、県委員会総会（県役員の会議）などに出ていた人たちの話を聞いて、調べ、私がまとめたものだ。

神谷氏は1970年生まれ。長年、党福岡市議団の事務局長などをつとめてきた。2023年2月の時点で彼は党福岡県委員会の役員（県委員、県常任委員）でもあった。

彼がユニークなのは、共産党の専従者（職員）なのに、「紙屋高雪」のペンネームでブログを書き、『〝町内会〟は義務ですか？』（小学館新書）、『マンガの超リアリズム』（花伝社）、『不快な表現をやめさせたい!?』（かもがわ出版）などの著書をはじめ、幅広い文筆活動をしている点だ。彼の文章は大学の入試にもなんども使われ、テレビやラジオにも数多く出演。「ご飯論法」の命名者として上西充子教授とともに、「流行語大賞」を受賞している。

私も彼の講演に出かけたことがあるが、話がわかりやすく面白い。「共産党にもこんな人がいるのか」と唸らされた。党の多様性を体現した貴重な人材だ。

だから2018年に彼が福岡市長選挙に立候補（無所属）したときは、非常に強い現職を向こうに回して、共産党単独推薦候補としては福岡市長選で過去最高となる約10万票（25％）を得票した。

「調査」して「規約違反」でないのに被選挙権を剥奪

しかし彼は、2023年の2月に、松竹伸幸氏の除名はおかしいのではないかと県委員会総会で発言し、見直しを党中央などに意見すべきだと提案したために、党幹部から目をつけられてしまう。

神谷氏は、自分の提案を否決した県委員会総会の決定をブログで紹介し（23年3月）、規約を守ってその決定に従って活動し検証を続けていく、と書いた。なかなか立派な態度だと私は思う。

しかし、神谷氏が会議で松竹氏をかばったことが党幹部はよほど憎かったのだろう。このブログ記事を問題視。「党規約違反」だとして、彼の処分へ向け「調査」を始めたのである（23年6月ごろ）。

県幹部は「調査のため」という理由で神谷氏の党員としての権利に制限をかけ、会議への参加や職場（市議団）への出勤を全て禁止。要するに人間関係の切り離しをしたのである。県幹部は神谷氏を排除した後、神谷氏のいない会議で「神谷は規約違反」「党破壊者である松竹の擁護・同調者だ」という報告や発言をくり返した。

神谷氏は「党員としての資格を問われる」と党からの追放・解雇をほのめかされた上で、規約違反かどうかの「調査」中であるにもかかわらず、県幹部から「規約違反」だと決めつけられ、多数の県幹部に囲まれて追及を受け「深い自己批判」（反省文の提出）を強要されたという（神谷氏は拒否）。このため、神谷氏は精神疾患に追い込まれ、休職を余儀なくされた。これはハラスメントだと神谷氏は訴えている。

「調査」のために党員としての権利を制限できるのは規約上最大6か月だったが、県の役員でもあった神谷氏が規約違反かどうかを決める県委員会総会は開かれないまま6か月がすぎて職場に戻り（23年12月）、やがて県役員の任期も切れて、神谷氏はただのヒラ党職員に戻った（24年2月）。

権利制限が解かれて出席した県党会議（24年2月）では、新たな県役員候補として神谷氏は他の参加者から推薦されたが、なんとその場で被選挙権を剥奪されたという。会議では抗議する人も出た。私はそれを聞いて本当に唖然とした。

現在、神谷氏は党福岡市議団の事務局長から事務局員に降格され、仕事を続けている。しかし、「権利制限」は解かれたものの、規約違反容疑の「調査」自体は現在（24年5月時点）も終わっていないようである。

「冤罪」を主張するブログ

神谷氏は、最近の心境を「冤罪」と題するブログ記事（24年5月7日 https://kamiyatakayuki.hatenadiary.jp/entry/2024/05/07/003538）で次のように綴っている。

2ヶ月の間、何にも音沙汰なし。

「調査」する意思も能力もない。

人を病気に追い込んで、挙句に何も連絡なく放置。どうなっているのか聞くと「調査中だ！」としか返さない。２０２４年5月7日現在、いまだに次に所属する単位も告げられていない。権利の蹂躙である。

進捗すら報告しないって、まともな組織のすることかね。

正式調査から10ヶ月。予備調査から1年３ヶ月。あれだけ頭のおよろしい方々が雁首そろえて血眼になって調べたけど、なーんにも出てこなかったってこと。

完全な冤罪だろ。

冤罪じゃないっていうなら、なぜ証拠を示さないのか。

示せないからだろ？

「時間をかけて調査している」というのなら、なぜ何も連絡してこない？

「今後調査すべき項目」のリストくらい渡したらどうか？

調査される側はその間に準備もできて、ウィン・ウィンじゃないか。

でも、しない。できないから渡さないんだろう？

調査することなんかもう何もないものな。（初めからないけど。）

冤罪だったのにハラスメントざんまいで人を病気に追い込んで、その人たちは処罰もされずに、英雄気取りで今日も陣頭指揮をとっている。

そんな人たちの手先になって壇上で発言をした皆さんも本当にダサい。発言しろって命じられても拒否すりゃいいのに、なんで引き受けるのかね。アイヒマンだからか。アイヒマンは「凡庸な悪」じゃなくて確信的なアクティブだったらしいし。

ああなるほど、オモテではいろいろ偉そうなことを言ってはいても、結局自分の頭ではものを考えない人たちだったんだなと納得した。特にハラスメント被害を告発したことに対して、何の根拠もなく平気で否定するというセカンドハラスメントの発言をやった瞬間、ふーん、この人たち、人権や理屈が根拠じゃなくて、組織的忠誠心が最優先なんだ〜と思ったものだ。幹部の顔をした人が「銀行を襲え」って言ったら、何の迷いもなく銀行を襲うんだろうね。

簡単に人の被選挙権を剥奪した時もびっくりした。選挙の公正なんて民主主義の根幹だろ？　こういう人たちは体制が変われば簡単に小スターリン化するだろうなあ。識字率がどうこうというレベルじゃない。字を読めて「教養」がおあそばします方々が、上が言うことに唯々諾々と従って他人の被選挙権を取り上げたのだ。

人間の見方が変わったわ。

吊るしあげ&ハラスメントをしたエラい方々は、「あいつの有罪はすでに確定している。量刑について調査しているだけだ」という珍論を並べだした。それを他のメンバーに吹いて回っている。

どこにそんなルールが書いてあるのか。

ルールブックには逆のことが書いてあるぞ。

そもそも常識的に考えて「有罪・無罪は密室で決まり、量刑だけに厳密な手続きがある」なんていうルールがもしあったら、おかしすぎると思わなかったのかね。

加えて、過去の決定にも、自分たちのこれまでの言明にも反している。

あなたがたこそ、まごうことなきルール違反。

要するにただのデマである。

デマを言って回っているだけなのだ。

そんなことを言わざるを得なくなったのは、逆にその人たちが追い詰められてしまったからだ。

朝ドラ「虎に翼」で、検察官が法廷で弁護側に追い詰められて、その場ででっち上げのウソを次々に喋り散らかしていく様子がそっくりだった。あなたがたがやっているのは、戦前の天皇制の法廷や、スターリン時代のソ連法廷と同じだ。ザ・中世である。

なーんにも言わない・なーんにもしてこないというのは、あいまいにしたいんだろう。あいまいにして「忘れてくれないかな」と願っているんだろうけど、そうはいかない。

冤罪で人を苦しめているエラい方々に申し上げる。

まず、罪を認めて謝りなさい。

次に裁きを受けて処罰されるべきだ。

あなたがたは人にひどいハラスメントをして病気に追い込んだのだ。

違うというなら、密室でなく公開で一問一答をさせなさい。

反論され論破され面目を失うのが怖いから、発言時間を著しく制限し、自分たちが長々と喋れる環境があるところでしか「議論」をしないのだ。相手に猿轡《さるぐつわ》をかけないと恐ろしくて議論できないという自分自身が情けなくないのかね？

「規約違反容疑者」の「二級党員」「虜囚」として「異論表明者の見せしめ」

神谷氏が規約違反をしたかどうかは、党規約通り、本人の言い分も十分に表明できる会議で決定すべきである。

神谷氏への行為がハラスメントかどうかについても、弁護士などの第三者が公正に調査した上で判断すべきだろう。

また、神谷氏に県役員への立候補する権利を保障し、正々堂々選挙で問うべきだった。

しかし党組織の側は、そういう民主主義的な手続きを行わずに、いつ終わるともしれない「調査」を神谷氏に対して続けているとされる。「調査」のための権利制限には6か月という上限があったが（常識的に考えればこの期間内に調査を終えるべきだろう）、「調査」自体は期間の上限がない。理論上は神谷氏が死ぬまで続けることができることになる。

つまり、「規約違反容疑者」という「二級市民」ならぬ「二級党員」のレッテルをずっと神谷氏に貼り続けておくことができるわけで、これでは「虜囚」である。あまりにも不公正かつ非人道的ではないだろうか。

福岡県党において神谷氏は「異論表明者の見せしめ」となっている。県党会議や県委員会総会では、発言を組織されたとおぼしき他の党員たちから集中砲火を浴び、討論の結語でもまた幹部から厳しく弾劾され、会場は盛大な拍手で「神谷批判」を支持し、まさに「袋叩き」だったという。見たものは震え上がったことだろう。大山奈々子・神奈川県議が党大会で受けた仕打ちとそっくりである。「逆らうものは、こうなる」という無言の圧力でなくてなんだろうか。

これが人権や自由を掲げる組織のすることだろうか。

私は「党改革」などと言うつもりはない。党組織はただ規約の手続きを守り、いじめをやめてあげてほしい。それだけである。

私は地区党会議からこのように排除された

露久保美栄子（X：@kapikapi6）

当日突然に「規律違反の調査中」だと門前払い

私は２０２４年２月25日に開催された日本共産党栃木県中部地区委員会地区党会議に、地元支部から選出された代議員として出席するために、自宅から車を30分運転して会場に赴きました。受付で入場手続きをしようとしたところ、Ｙ地区委員長（当時。本地区党会議にて退任）より「話がある」と少し離れた場所に連れていかれ、分厚い紙束を見せられました。そこには私のＸ（旧Ｔｗｉｔｔｅｒ）のポストがコピーされていました。地区委員長から「これ、あんたのだろう?」と問われましたので、「その通りだ」と答えました。地区委員長は「党を批判した一連のポストは規約違反の疑いがある。よってあなたは規約違反で調査中のため、地区党会議に出席させることはできない」と帰宅を命じられました。「地区委員会独自で調査と判断をしたのか?」と問うたら「中央の指導だ」とのことでした。また、「いつ決まったのか?」と聞いたら「昨日、地区常任委員会で決定した。支部長には伝えて了承してもらった」との返答でした。あまりにも突然のことで呆然としてしまい、「わかりました」と答えるのが精一杯で、また車を30分運転して帰宅しました。

帰宅後、夫に顛末を話したところ、夫は「これはひどい。党規約にもとづかない措置でまったく不当なものだ。すぐ会場に戻って抗議しよう」と言ってくれましたが、怒りよりも、予想外の仕打ちに心の整理がつかず、どっと疲れが出たため、会場に戻ることはしませんでした。

落ち着いて振り返ると、不可解な点がいくつかありました。まず、調査中だから会議に出られないということならば、本来ならそのような場合、規約にもとづいた「党員権利制限」の措置が発動されるはずですが、そのような話はありませんでした。また、前日には私の出席拒否が決まっていて、支部長にも伝えたのに、当人の私には何の連絡もありませんでした。支部長は几帳面な人で、普段は連絡を忘れるようなことはしないので、機関の方針としてあえて私には事前連絡をしなかった可能性が高いと思いました。事前に伝えたら、当日抗議に来場することを恐れたのでしょう。これも中央の指導だろうと推測します。おかげで往復40キロメートル運転移動した私の時間とガソリンを無駄にされました。コンパクトカーとはいえ、往復で約3リットル消費したので、約５００円のガソリン代が損失となりました。地区党会議に出席する場合、通常ガソリン代が支給されるのですが、門前払いだったため、いまだに受け取っていません。

「党員権利制限」でないのに恣意的に排除

地元の他支部の代議員複数に、私の欠席はどのように会議の場で伝えられたか、後で聞きましたら、何の報告もなかったそうです（注：「体調不良のため欠席した」と報告されたという情報も寄せられたので、以前その内容でXにポストしましたが、あらためて別の代議員に確認したところ、前述の通りでした）。なので「なんで、みえちゃんは来ないのだろう?」と不思議だったとのこと。本来なら代議員の欠席は、理由が説明されるはずです。今回の場合でしたら「規約違反の疑いで調査中のため出席できなくなった」と説明するところですが、規約にもとづいた「党員権利制限」でなかったため、説明することができなかったのでしょう。私は、もともといなかったことにされてしまいました。党指導部が異論を持つ党員を恣意的に排除していることを、証明したようなものです。

党中央の「指導」による排除か？

私のポストをプリントアウトする作業は誰がしたのでしょうか。私たち夫婦と地区委員長では、松竹問題やその後の党中央のあり方については意見の応酬を何度かしましたが、それ以外では長い付き合いもあって関係は良好でした。地方選挙での私たちの活動には感謝の意を表してくれたほどです。しかもネットにそれほど詳しくない地区委員長が、多忙な任務をぬって私のポストを監視・プリントアウトする時間があったとは思えません。異論をXで発信している党員がポストをプリントアウトした束を突きつけられて追及される事例が全国で頻発していることは、後で知りました。

私の夫も松竹伸幸氏の除名以降、党中央を批判するポストを投稿しており、そのため昨年6月と10月に県委員長と地区委員長に呼び出されていますが、その際は夫のポストは「規約違反の可能性がある」と言われたそうで、それに対して夫は「規約違反でない」と応酬し、議論は平行線で終わったものの、処分の話は出なかったそうです。私も同じような時期に党中央批判のポストを続けていたにもかかわらず、昨年の時点では、党からの働きかけはまったくありませんでした。地区党会議の代議員選出についても、私は補欠代議員として選出されて、今回の下りの地区党会議は、正代議員だった支部長が所用で出席できなくなったため、私が繰り上げで代議員として出席することになり、かなり早めに地区委員会には伝えてあったのですが、その時点では特段なにか言われることもありませんでした。そのため、今回の地区党会議出席拒否は、唐突感が否めません。直前に中央の指導が入り、このようになったとしか考えられません。

発言をさせない民主主義の否定

私を規約にもとづかず、恣意的に排除したため、私が支部代表として用意した発言原稿を発表することはできなくなりました。支部の民意を排除したのも同然であり、民主集中制の組織原則を党機関が真っ向から否定したようなものです。なお私が予定した発言は、一方的に党中央を批判したものではなく、党勢が小さい地元で市議選を闘った教訓から、どのように市民の声を集め、実現に向けて運動していくか、市民の期待に応えられる党になるにはどうしたらよいかを私なりにまとめたものでした。

党員や市民の声は無視され諦念している

この顛末を地元の親しい党員複数に話したところ「いつも新婦人（新日本婦人の会）の活動で頑張り、市議選でも数千枚のビラを配り、宣伝カーのアナウンサーでも頑張ってきたのに、この仕打ちはひどいね」と言ってくれました。ある党員は「私もいろんな党の会議で、このままではいけない、やり方を改めるべきだと何度も言ってきたけど、まったく聞いてくれない。もう言うのは疲れたから言わないことにした」と言っていました。私より全然活動をたくさんやって頑張ってきている党員たちが、こう言っているのです。

私の地元は長年野党系の市長で、立憲民主党や社会民主党、自民党に与しない保守系の皆さんとの協力関係も日頃からあるので、そうした中でいろんな立場のいろんな声を聞いています。当然、日本共産党に期待する立場から、あえて苦言を呈してくれる人もいます。そうした声を党に届けるのも党員の大切な役割と思ってやってきました。こういう声に真摯に耳を傾けず、「異論を外で言ってはいけない」と押さえつけようとする党中央はなんなのでしょうか。

全国での不当な「調査」は即刻中止を

私は、不当に私を地区党会議から排除することを指導した党中央に抗議し、私と私の所属する支部に謝罪と事実経過の説明を求めます。また全国でなされている、党員のＳＮＳの発言を規約違反の疑いで「調査」して、やめさせようと圧力をかける行為を即刻中止し、党内外からの異論、批判に真摯に受け止めることを求めます。

なぜ地方議員は党内ハラスメントの被害者になるのか

露久保健二（X：@kapiparadou）

パワハラで地方議員の離党が急増

本年5月15日、日本共産党埼玉県蕨市議会議員の宮下奈美氏が、日本共産党を4月15日に離党し、5月15日に別会派を届け出て無所属議員として活動すると記者会見で発表しました。宮下氏のブログで、記者会見の要旨が公表されています。それによれば、党員からのパワーハラスメント、モラルハラスメントにより体調を崩したこと、党機関に相談したが適切な対応が取られないままに宮下氏の体調は悪化し、日常生活に支障をきたすようになったこと、健康を取り戻すために党活動についての環境を変える必要があると担当医師から診断され、離党にいたったとのことです。なお、党とはいまでも政策的には一致しているので、その実現へ向けて今後も議員活動をしていくそうです。なお、会見は、党員のハラスメントや、それに関連しての党の対応について糾弾する主旨ではないとのことで、氏が受けたハラスメントの詳細については語られませんでした。

日本共産党の地方議員が、党内や議員団内でのハラスメントなどを理由に離党する事例が急増していますが、当事者が記者会見を開いて公表するのは異例だったため、メディアでも報道されるなど広く知られることになりました。裏を返せば、当事者が事情を公表することがほとんどなかったため、地方議員に対する党内ハラスメントが具体的にどのようなものか、意外に知られていないのが実情です。

私は28歳から32歳にかけて、１９９９年から２００３年に党公認で栃木県鹿沼市議会議員を務めましたが、体調を崩したため１期で引退しました。そのため党地方議員がハラスメントを受ける環境や、ストレスになる要因について、自分の経験からある程度説明できる立場にあります。さらに議員引退から20年以上経過し、自分の体験を客観視することができるようになりましたので、その視点も踏まえつつ、党地方議員が受けるハラスメントの構造について、ささやかながら分析を試みたいと思います。

富田林市議団でのパワハラ問題は未解決

党地方議員のハラスメント被害で、唯一、人口に膾炙《かいしゃ》しているのは、大阪府富田林市の前市議会議員、田平まゆみ氏が党議員団の先輩議員であった岡田英樹氏から継続してパワーハラスメントを受けた例です。この件では田平氏は長期間にわたり党機関に対応を要求しましたが、党機関は適切に対応することができず、田平氏は3期目の立候補を断念せざるを得ませんでした。その一方で、岡田氏は自らのハラスメント行為を一定認め、責任をとるとして離党をしたのですが、その後の選挙で無所属立候補し、地元党組織が事実上支援をするという、いわば分派活動とも言える不正常な状態が発生しました（選挙は落選）。

さすがに党内外の世論の大きな批判をあび、党大阪府委員会、党中央委員会は不正常な状態を認め、田平氏に謝罪しました。しかし不正常な事態に関与した党員への処分はされず、責任をとっていないのが現状です。岡田氏も一度は自らの非を認めたものの、落選後に「パワハラはしていない」と自分の行為を正当化し、田平氏を誹謗中傷する内容の小冊子を作成して、支援者に配布しました。誠意のない行動を取り続ける岡田氏に対し、本年5月、ついに田平氏は訴訟を提起しました。

パワハラ加害者の特徴①先輩議員

私が見聞きした党地方議員のハラスメント被害でもっとも多いのが、党議員団の先輩議員によるパワーハラスメントです。先輩議員が後輩議員に指導、援助することは不可欠な活動ですが、ともすると指導力不足により「見て覚えろ」的に放置した末に、後輩議員が仕事上の失敗をすると過度の叱責をする。あるいは党の方針から逸脱した自己流の活動スタイルを押し付ける。若いからと事務処理能力を超える量の仕事を分担させて疲弊させるといった事例が確認されています。えてして先輩議員と後輩議員だけの二人議員団のところで発生しやすいようです。第三者による目が行き届かず、いわば密室指導状態に置かれやすいからと思われます。

パワハラ加害者の特徴②「力持ち党員」

次に多いのが、党員によるパワーハラスメントです。いわゆる「力持ち党員」と言われる人たちが、地域での「しんぶん赤旗」の配達集金活動、街頭宣伝やビラ配布などの宣伝活動、市民への御用聞きや相談活動を、地方議員とともに担い、選挙では一所懸命に候補者を支えます。これらの活動自体はたいへん尊いもので、党員も誇りを持って携わっていますが、その誇りと自信ゆえに、地方議員の活動に弱点や不足部分が目につくことになりがちです。そのことが適切なチェック機能として働き、組織の問題としてみんなで克服する方向に働けばよいのですが、矛先を誤ると地方議員の個人的資質の問題に矮小化し、議員個人を責めることにもなりがちです。「力持ち党員」は地域で発言力が強く、議員も支援してもらっているという負い目があることから、「力持ち党員」による議員へのハラスメントが発生することになります。とりわけ議員の年齢が若く、地域の党員と親子以上の年齢差で活動歴にも格差がある場合に起こりやすいといえます。

パワハラ加害者の特徴③高齢男性党員

また地域の党員が高齢男性中心で、議員がそれより年齢が若い女性議員の場合、男性党員の女性蔑視的な思想的弱点や、女性独自の生活リズムや健康問題への無理解が、ハラスメントにつながることもよくあります。逆に、地方議員の驕りや、地域の党員が思い通りに動いてくれないという焦りから、議員から党員に対してハラスメントを行う例も確認されています。

パワハラ加害者の特徴④常任役員・専従者

地元党機関（地区委員会など）の常任役員、専従者からのハラスメントもあります。これも経験が浅い議員が被害者になる場合が多いのですが、議員が党活動上で問題を起こすなどした際、地区の常任役員が指導する場合があるのですが、その対処方法が不適切だった場合に、ハラスメントに転化することがあります。逆にベテラン議員の場合は、発言力が常任役員よりも強い場合があり、その議員が問題を起こしても常任役員の指導が入らないということもあります。

「しんぶん赤旗」の配達集金の過重負担

あとハラスメントと関連して取り上げるのは、「しんぶん赤旗」の配達集金の過重負担問題です。これは数十年前から問題になっており、党の会議や大会決定などでも度々触れられていますが、いまだに根絶されていません。とくに配達集金活動の担い手が少ない、党勢が小さい地域では、党の日常活動のほとんどを地方議員が担い、大量の「しんぶん赤旗」の配達集金を一手に引き受けている例もめずらしくありません。最近は党組織の急速な高齢化にともない、従来は非議員党員による分担ができていた地域でも、それが困難になりつつあります。昨年、「しんぶん赤旗」の党活動版で、山口県のある山間地域で、80歳の党員が自分で軽自動車を運転して、半日かかって日曜版を配達しているという記事が掲載されましたが、「美談にするな」「もし配達中に事故の加害者や被害者になった場合、党は責任を取れるのか」とSNS上で記事に対する批判が巻き起こりました。

私の候補者・議員時代の辛い経験

ここで私の経験を紹介します。私は候補者活動中から「しんぶん赤旗」の配達集金活動に参加していましたが、市議当選後は最盛期で日刊紙配達週7日（つまり休みなし）、日曜版の配達集金は約200部担当していました。日刊紙配達は基本1コース15部程度、車で配達して約1時間のコースでしたが、週1回は「輸送」といって、地区委員会に届いた新聞の梱包を取りに行って地元の事務所に届ける任務がありました。これが所要時間1時間。その日は日刊紙も2コース配り、そのついでに日曜版の一部も配っていましたから、深夜2時頃から早朝5時頃まで配達している有様でした。日曜版約200部のうち、約120部は市役所職員向けでしたので、まだ効率よく配達集金できましたが、問題は地域の約80部です。

ただでさえ地域が広大で回るのが大変なうえ、留守がちなお宅もあります。読者だからといって、熱心な党支持者とは限りません。前任者との義理で購読していた読者の一部からは、集金の際に嫌味を言われることも度々でした。そうなると配達はともかく、集金に出かける足が重くなります。私はもともと内向的な性格で、不特定多数の人物と交流するのが苦手だったので、議員の前職は基本的に独りで働けるという理由で、長距離トラックの運転手をしていたほどです。ただ、大学時代に学生自治会活動や党活動の経験があり、理論学習もそれなりにしていたことが買われ、議員になることになってしまったのです。

私は党議員活動の本分は第一に議会での論戦とりわけ一般質問、第二に生活相談活動と認識していたので、そこは自分なりに手を抜かずに頑張っていました。政務調査費は各種新聞代と議会報告の発行費用で消えてしまうので、自費で資料となる書籍を購入し、書籍でわからないことは県外に出張して現地調査をしたこともあります。

青年議員だったこともあり、同年代との交流が楽しかったし、その頃から高齢化しつつあった組織に若い風を吹かせたいと思い、青年宣伝や、民青同盟の活動にも注力していました。インターネットが普及し始めた時期だったので、活動報告のホームページもいち早くつくり、その経験を「赤旗まつり」での青年地方議員交流会で発表したこともありました。そのあおりをうけ、地域での訪問活動や党員拡大、機関紙拡大の任務が手薄になる傾向が生まれ、そのことを地元の「力持ち党員」や地区常任役員に批判され、「議員活動はほどほどでよいから、もっと党建設に力をいれろ」と言われたこともありました。

議員生活3年目の2001年夏頃から、配達はなんとか続けていたものの、苦手だった集金活動が乱れ始めました。数か月は集金しきれない分を自分で立て替えていましたが、議員歳費では賄えなくなり、カードローンで借金して立て替えるまでになってしまいました。議員歳費はそこそこの金額だったのですが、党に相当額のカンパをしたうえに、議員活動に必要な費用も自腹を切っていたため、生活費は最低限の金額で回していました。実家住まいだったので住居費こそかかりませんでしたが、妻は民主団体のアルバイト専従でやはり低収入、３歳と1歳の子どもをかかえ、とくに下の子は当時、気管支喘息を患い始め、発作が起きると深夜に片道40分かけて大学病院の急患受付に連れて行くこともしばしばでした。妻に言わせれば「子どもたちの日々の成長をなによりも喜び、働く私の支えになってくれていた」とのことですが、あまりに議員活動と党活動が忙しくて、当時の家庭生活の様子は、ほどんど記憶にありません。

そうこうしているうちに、ついに複数の読者から「集金に来ない」と事務所に苦情が入り、集金活動が乱れていることが発覚しました。ベテランの地区常任役員がつきっきりで指導に入ることになり、まず一緒に読者をまわりお詫び行脚をして、ためてしまった紙代を回収することになりました。これは大変つらい活動でしたが、なんとか一通りまわりました。

次に自己批判書の提出です。こうなったのは私が機関紙活動の意義を理解していないからだと批判され、機関紙活動についての学習を地区常任役員と一対一ですることになりました。かねてより自分なりに機関紙活動の理論は学習していたつもりではいたのですが、そのときは負い目もあったので、機関紙活動への理解が不足していたために党に迷惑をかけてしまったと、自分を責める日々が続きました。自分なりに考えて自己批判書を書いて提出したのですが、何度も書き直しをさせられました。そのときは気づきませんでしたが、その過程で私は自信や誇りを奪われ、精神を蝕まれていったのです。休日がない大量の新聞配達は知らず知らず肉体的疲労を蓄積させ、それも精神的に悪影響をおよぼしたのでしょう。

肉体的精神的疲労が蓄積し療養へ

２００１年11月の初めだったでしょうか。地元の事務所での会議で、ついに私は爆発しました。「もうこれ以上やってられない！　俺が何をしたって言うんだ！　俺はもう終わりだ！いなくなったほうがいいんだ！」と泣き叫びました。その尋常ならぬ様子に地区常任役員たちも、ようやく私の危機的状況に気が付き、私は即座にすべての党活動、議員活動を休むことが認められました。党内事情にかかわることだけに、地域の医師に診察してもらうわけにはいかなかったので、東京民医連加盟の代々木病院精神科を紹介してもらい、不安障害の診断を受け、1年間にわたる通院加療と自宅療養の日々が続きました。議会に診断書を提出し、その間議会も欠席しました。２００２年は丸々休養し、２００３年初頭にようやく活動に復帰し、同年9月に任期を終え、後継者に引き継ぎ、議員を引退しました。

それから20年以上経過し、なぜ私が不安障害になってしまったかをあらためて検討してみました。「力持ち党員」からのハラスメントも負担になっていましたが、やはり最大の原因は「しんぶん赤旗」の配達集金の過重負担が原因でした。苦手な活動を大量にこなすことを強いられるなかで、肉体的精神的疲労が蓄積したことが、集金活動の乱れにつながったのですが、当時の地区常任役員はそれを原因と捉えず、もっぱら私の機関紙活動への理解不足のせいだと分析しました。それにしたがった「指導」をしたことで、私の精神的苦痛はさらに悪化し、自己批判書を何度も書き直しさせられることで、私の精神的崩壊は決定的になったと、いまでは理解しています。これは明らかに「指導」という名目でのハラスメントであったと言えます。

人格的に優れてもパワハラが起きる組織風土

ただひとつ、誤解してほしくない点があります。ここまで読んだ読者の皆さんは、その地区常任役員はどんな人でなしだったのかと想像したかもしれません。彼の名誉のために言うと、その地区常任役員は「仏の〇〇」と言われるほど、温厚な人格者でした。若い頃は私鉄労働者で、労働組合活動を通じて入党し、その後専従活動家となり、私が議員だった頃は60歳代だったと記憶しています。私の父は元国鉄労働者で、党支持者ではありましたが、さすがに私に候補者要請がきたときは当初反対していました。そこで「仏の〇〇」さんが父の説得に来たのですが、普段は人嫌いの父が、彼が元私鉄労働者であることを話したら途端に意気投合し私の立候補を容認したのでした。正論で押し通すことを決してせず、情を大切にする人でした。だから私に対する「指導」も強引であったり、詰問するようなことは一切なく、諄々と理を説くという雰囲気で進みました。ですから私は彼に対して個人的な恨みはありませんし、すでに故人となりましたが、時折懐かしく思い出します。

ハラスメントは、人格的に問題があったり、日常的に暴言を吐くような人間が引き起こすとは限りません。むしろ人格識見が優れている人でも、組織の歯車となり、そのなかで権力勾配の上位に立ち、相対した相手に誤った方針で「指導」してしまうときにハラスメント加害者になってしまうのです。そういう状況下でも、直接的な加害者が「組織の歯車」だったからと免罪になることはありえず、個人責任は問われるべきと考えますが、こうした場合、ハラスメントの根絶のためには、組織構成員へハラスメント学習会をするなどして啓発するだけでなく、その組織原則、組織風土、そして実情にあわない非効率な業務内容がハラスメントの温床になることを踏まえて、組織の諸問題の解決を目指していかなければなりません。そのためには構成員一人ひとりの声を大切にする、民主的運営を確立することが絶対不可欠であります。

いま日本共産党内で続発している党内ハラスメント、とりわけ地方議員にたいするハラスメントの根絶のために、私のささやかな論考が一助となることを切に願います。

「ハラスメントのない社会」実現と正反対の共産党

大野　隆

2月15日の記者会見で、名前を挙げていただいた大野隆と申します。かつて6年ほど、共産党の地区委員会に勤務し、党推薦で市長選に2回、党公認で衆院選に1回立候補しました。その私が、なぜ勤務員を退職し、さらに離党することに至ったのかをお伝えしたいと思います。これを読めば、二度の記者会見で発言された方々が事実を語っていることがおのずと分かると思います。

パワハラ加害者をかばう体質に考えがゆらぐ

私が共産党に入党したのは44歳、２０１３年のことです。前年から自営業者になり、そこで知り合った党員の勧誘を受けてのことでした。その後、２０１５年に身内の不幸があり、自営業を続けられなくなりました。そのときに、党専従の仕事を紹介され、勤務員になりました。10代の頃から共産党を支持しており、基本的に共産党が主張すること、行うことは正しいとずっと思っていました。しかし、専従になって1年数か月で、それまで持っていた考えがゆらぎ始めました。

その理由は、地区委員会内でのパワハラ問題です。被害者から相談を受けたので、地区委員長に訴えたのですが、「あの人は仕事ができないからだ」などと言って、パワハラ加害者をかばい続けました。最終的に、被害者の方は体調を崩し、1か月の休職を余儀なくされました。

そこで、2017年の総選挙のあと、中央の訴願委員会に、この問題でパワハラ加害者と、かばい続けた地区委員長を訴えました。その結果、パワハラ加害者は異動となりました。

会見では、皆様が「中央に訴えてもまともな対応をしない、もしくは無視する」とおっしゃっていました。それに対し、自分の訴えが通ったのは、直近の国政候補者という、一時的な「上級党員」だったからだと推測しています。

もちろん、これでハラスメント問題が解決したわけではありません。加害者は、何の処分も受けず、異動先でも別の勤務員にハラスメント行為を行っていました。その後の、地区委員長などの対応も「この問題は調査中」と言いながら加害者をかばうものばかりで、よくこれで「ハラスメント撲滅の党」などと外に向けて言えるな、と思ったものでした。

また、中央に対しても、選挙後に発表する総括に疑問を持つようになりました。この2017年の選挙では、議席をほぼ半減させたのですが、それに対する真摯な反省も改善もありませんでした。

これらのことから「共産党は基本的に正しい」という考えを見直すことにしました。それでも民主集中制の建前というのは信じており、「『みんなで決める』というのだから、党員である自分が意見を出せば、それを元に改善され、選挙で勝てるようになるに違いない」と考え、選挙や中央委員会総会のたびに、長文の意見を送りました。

しかし、その提言が取り入れられたことは、一度もありませんでした。一度だけ、「返事」がありましたが、それは「中央を批判するな」という趣旨で県幹部に「指導」を命じる、というものでした。

このように党中央への不信感が広がる一方、勤務員としての仕事は増える一方でした。それによる長時間労働により、自分の心身はだんだんと蝕まれていきました。２０２２年１月には、赤旗配達中に大怪我をしました。それ以降、体調悪化が酷くなりました。このまま専従を続けたら、10年以内に死ぬのでは、と思うようになりました。

それもあって、その年の10月に勤務員を退職しました。このときも、離党が頭をよぎりましたが、専従になる前から世話になっていた党員の方々の説得もあり、党にとどまることにしました。

小池処分でも異常なまでにハラスメントに甘い組織

ところが、専従をやめて数日後、ネット配信された党の会議で、小池晃書記局長が田村智子副委員長（当時）にパワハラを行う、という事例がありました。多くの批判を受け、1週間以上経ってから、ようやく党はパワハラを認め、小池氏は、4つの処分のなかで最も軽い「警告」を受けました。

その際の発言から、小池氏はもちろん、パワハラされた田村氏も、その状況をネットで見ていた志位委員長（当時）もそれがパワハラであると分からなかった、と発言しました。党上層部のハラスメントに対する認識がいかに時代遅れであるかが露呈されたわけです。

さらに、その数日後、県幹部から「2017年に訴えたハラスメント問題は、『解決』した、ということで中央幹部が説明したいと言っている」という連絡をもらいました。先述した地区委員会でのパワハラについて、その後も加害者の処分などを尋ねるたびに地区委員長などは「この問題は調査中」と回答していました。私が勤務員を退職したことにより、その「調査」が終了して、「解決」となったというわけです。

立て続けにおきた2つの事例から、「異常なまでにハラスメントに甘い組織」だと改めて思いました。

なお、この11月から私は民間企業で働き始めたのですが、上司の会話を聞いていると「ハラスメント対応の訓練を受けているな」と感じることが少なからずありました。同時に、共産党は遅れすぎているな、とも思ったものでした。とはいえ、退職時に引き止めてくれた党員のこともあり、2023年も党員を続けようと、1月には6か月分の党費を前納しました。

松竹除名問題の酷さで離党

しかしその直後に、千葉県書記長盗撮逮捕問題が発生しました。翌日、県委員会は書記長を除名にし、声明を発表しました。その声明の内容は、あまりにも酷すぎるものでした。

さらに2月に入ると、都道府県委員長会議で、志位氏と小池氏が「自民党の重鎮が共産党は日本の政治に必要だと言った」と喜んで報告していました。これを読んだときは、「この人たち、本気で自民党政治を変える気などないのではなかろうか」と思うようになりました。

その数日後に松竹伸幸氏が除名をされました。さらに、それを朝日新聞が社説で批判すると、2月9日に志位氏は記者会見で「反論」を行いました。翌日、赤旗を読み、その内容のあまりの酷さに驚き、もう党員を続けるのは絶対に無理、と悟りました。そこで、記事を二度読み返した後、地区委員会に離党届をメールしました。

異論を公表したら痴漢現行犯と同レベルの「悪行」にされる

こうやって、2023年2月10日をもって、9年8か月に渡る共産党員生活が終わりました。しかし、そこで話は終わりませんでした。離党届を出した翌日にXでその旨を報告したところ、少なからぬ人が驚き、理由を知りたいと尋ねられました。また、このツイートから1週間でフォロワーが400人ほど増え、ツイート内容を週刊文春が転載するなど、そこそこ反応がありました。そこで、Ｎｏｔｅに離党した理由を綴った「2月9日志位発言の問題点など」という記事を発表しました（https://note.com/oono_chiba/n/n9955de60349）。

それから約3週間後、所属していた地区の委員長からメールが届きました。その主旨は「現職の地区委員が、任期途中で意見の違いを理由に外部に離党表明すること自体が規約からの逸脱となること、したがってこの場合は規約49条の『機関からの罷免』を適用すべきということになりました」というものでした。

勤務員を退職した際に、「常任委員と地区委員を続けることは不可能なので解任してほしい」と委員長には申し入れていました。ところが、常任委員は問題なく辞められたのですが、なぜか地区委員の肩書は残っていました。もちろん、勤務員退職後は、地区委員としての活動は行っていませんでした。その肩書が残ってしまった結果、離党した後であるにも関わらず、私は「処分」を受けてしまいました。

「機関からの罷免」というのは「除名」の次に重い処分です。過去の事例ですと痴漢の現行犯で逮捕された中央委員のK氏が「機関からの罷免」をされています。共産党にとって、離党した元党員がその理由をネットに書くというのは、現職の中央委員が痴漢で現行犯逮捕されたのと同レベルの「悪行」だったようです。

なお、地区委員長さんの名誉のために申し添えますと、このような異常な決定をしたのは、地区委員会ではありません。地区委員会ではもっと穏便な方法を考えていました。ところが、統一地方選の直前であるにも関わらず、県委員会さらには中央委員会まで関わってきて、「離党した元党員を除名の次に重い処分する」という異常なことが行われたのです。

党員時代、何度も感じていた中央委員会の劣化は、自分が思っていた以上の酷さでした。それをわざわざ離党した自分に中央委員会が伝えたかったのだな、と思ったものでした。実名による経過報告を読んでいただければ、会見に登場した匿名の方々の発言・主張が事実であるとおわかりいただけるでしょう。

信条は変わらず資本主義を超克した社会を目指す

最後になりますが、自分の政治信条は「誰もがストレスなく生活し、搾取・格差・差別・ハラスメントのない、資本主義を超克した社会の実現」です。共産党を離党したあとも、何一つ変わっていません。したがって、それに逆行する政党や政治家に対しては、厳しく批判を続けています。当然ながら、「ハラスメントのない社会」と正反対の行動をする、共産党についても、自公や維新と同様に、批判し、誤りを指摘し続けます。

補論　「日本共産党を批判する事は権力を利する」という言説について

日本共産党（以下共産党と表記）の党の最高機関である党大会の「結語」を報告する田村副委員長（当時）が特定の党員に対しパワハラを行いました。当然、大きく批判されましたが、その批判に対し、「これは権力側を利するものだ」と反論する人を見かけました。これは今に始まったことではありません。これまでも、共産党が問題を起こすたびに「共産党を批判することは、権力側を利する」という言説が党外の人も含め、何度も言われてきました。しかし、これは事実なのでしょうか。

今の共産党は本気で「権力」と戦っていない

上記のような言説が出るのは、「日本共産党は、自公政権や財界などの『権力』と戦い、その体制を変えることを目指している政党である」という前提があります。かつては自分もそう思っていました。しかし、今ではそんなことはまったくないと断言できます。こんなことを書くと、「そんなことはない。自分は本気で、今の悪政を変えたいと思って活動している」と反論する党員の方も多数いるとは思います。それを嘘だという気はありません。しかし、実際に共産党中央はそのようなことを目的として活動はしていません。その理由の一つとして、「議会で多数を占めて政治を変えると綱領に記載しているのに、選挙で勝つ気がない」ということを以前書きました（「日本共産党中央は、選挙で勝つ気がない」https://note.com/oono_chiba/n/n7d5f19f243dd）。

実際に自分が勤務員だったとき、党中央が現場に求めるのは「党員を増やせ・赤旗を増やせ」ばかりでした。「政治を変えなくてはならない。しかし現状では悪政が止まらない。それを変えるためにどんな活動をするべきなのかを、皆で知恵を出してくれ」などと要求されたことは一度たりともありません。

また、仮に百歩譲って、党員と赤旗を増やすことが「権力と戦う」のに有効だったとします。だとしたら、党員も赤旗も減り続けている現状のもと、「党員システムを変更して入党のハードルを下げる」とか「紙の新聞を電子版に移行し、経費を下げて利益率を上げる」とか「データを分析すれば新聞が増えるわけないのだから、別の資金源となる事業を立ち上げる」など、根本的な党改革を行わなければ、権力と戦えません。しかし、そのようなことを一切せず、あいも変わらず旧来と同じやり方を続けて、党員も赤旗も減らし続けています。つまり、権力と戦う気などないのです。以前も書きましたが、共産党中央の目的は「共産党という組織並びに、長年続けられてきた、党の体制を維持すること」だけです。

なお、党の体制というのは、以前にも書いたように「党の代表をはじめとする最高幹部を同一人物が長い期間続ける」「男性優位」「上意下達かつ、厳しい上下関係の存在」などです。今回、田村委員長が誕生しましたが、本質は何ら変わっていません。党大会後の紙面を見てればわかるように、「党首」は相変わらず志位議長です。

今の「権力側」は共産党を脅威だと思っていない

一方、「権力側」も共産党のことを脅威だとは思っていません。別に筆者が勝手にそう主張しているわけではありません。共産党の大幹部二人が、それを証言しています。

2023年2月に行われた、日本共産党の都道府県委員長会議で、志位和夫委員長（当時）と小池晃書記局長がともに、「自民党の重鎮が『（共産党が）日本の政治を救っている』と発言した話」を紹介して喜んでいます。

「日本の政治を救っている」という評価が

小池晃書記局長の報告でも紹介されましたが、自民党の重鎮の方が、日本共産党がいま大軍拡を許さないという点で果たしている役割について、「日本の政治を救っている」というふうに評価してくださった。

この言葉というものはたいへんに重いものがあると思うんです。つまり、「日本共産党はなかなか立派だ」というだけでなくて、日本の政治全体を救う役割をいま果たしているのが日本共産党だという評価であります。

たいへんにうれしい評価なんですが、私は決して大げさなものではないと、文字通り「そうだ」と言っていいのではないかと実感しております。

2023年2月3日の志位和夫氏の発言より

(https://www.jcp.or.jp/web_jcp/2023/02/post-134.html)

共産党の綱領では、今の「日本の政治」の問題点を大企業優遇・アメリカ従属だと定義しています。そのような政治を行っているのは自民党政権です。その「自民党重鎮」が、共産党は「日本の政治を救う」存在だと認めたわけです。つまり、自民党が行っている「財界と協調し、日米同盟を重視するという日本の政治」にとって、共産党は敵対勢力でなく、協力・補完勢力だと「自民党重鎮」は明言したわけです。そして、それを言われた委員長（当時）と書記局長は、その発言を喜んで全党に報告したのです。

これに限らず、共産党が批判している「権力側」である、財界や在日米軍などからも、共産党を脅威に感じるような発言が出ることはありません。現在、「権力側」として「反共発言」を繰り広げている人など、維新と連合の芳野会長くらいしか思い当たりません。もちろん、維新も芳野氏も「権力の中枢」ではありません。

弾圧されていた時代との違い

日本の政治において、現在の共産党は、先述したような存在でしかありません。しかし、かつての「日本の権力者」はそのような認識を持っていませんでした。天皇専制の大日本帝国は、1922年に結党した共産党を徹底的に敵視し、大弾圧を行いました。戦後、日本を占領したGHQも、当初は思想犯として捕らえられていた共産党員を解放するなどしていました。しかし、東西冷戦が本格化すると、レッドパージを行い、共産党員を公職から追放するなどの弾圧を行いました。つまり、大日本帝国政府も、GHQも、共産党のことを「日本の政治を救っている」などと考えてなかったわけです。逆に「日本の政治を覆そうとしている」と認識していたから弾圧したわけです。

なぜ今と違った対応をとったのでしょうか。それは、当時の共産党の背後に、ソ連、さらに1948年以降は中国が存在していたからです。20世紀なかばまでの日本共産党は、ソ連や中華人民共和国と密接な関係にありました。様々な援助を受けていましたし、レッドパージの際には幹部が中国に逃れて活動した、などということもありました。その背後の力を使えば、大日本帝国やGHQ占領下の「日本の政治」を転覆されかねない、と当時の「権力者」は認識していました。だからこそ弾圧したわけです。

しかし現在は違います。20世紀後半になり、共産党はソ連や中国と距離をおいて、自主独立路線を確立しました。ソ連が崩壊した事実などを鑑みれば、この路線を採用したことは正しかったと思います。しかし、その強大な支援国を失った結果、共産党は権力にとっての脅威ではなくなってしまいました。

共産党は1961年以降、綱領に「議会の多数を得ての革命」を明記して政治活動をしています。しかし、それから63年経ちますが、国会議席の一割を占めたことすらありません。これでは「議会を通じた革命」などできるわけありません。それどころか、10年前の衆院選を最後に、国会でも地方でも議席を減らし続けています。特に地方の議席減は、悪い意味で他党を圧倒しています。

また、基幹として掲げている党員数も赤旗部数も激減しています。本気で権力と戦い、革命を起こす気なら、この現状を科学的に分析して、党内改革をするのが当然です。

自分は、党員時代、本気で革命を起こすつもりがあると信じていました。そのため、改革すべきだと何度も意見を出しましたが相手にされませんでした。今ではその理由がよくわかります。目的は革命でなく、共産党の体制を維持することなのです。だから党内改革などするわけ新の内部はもちろん、一般社会でも、ハラスメントがさらに横行してしまうでしょう。同様に、共産党のハラスメントも批判すべきなのです。

繰り返しになりますが、共産党のパワハラを批判することにより、悪政が推進される、などということはありません。むしろ、「権力側の悪政を調子づかせないため」などという理由でハラスメントをはじめとする共産党の不祥事を容認・隠蔽して、被害者に泣き寝入りを強いることのほうが、当事者はもちろんのこと、日本の政治・社会にとっては有害なのです。

なお、仮に今後、本気で、「権力と戦う」政党が誕生したとしても、党内でパワハラをはじめとする人権侵害・不祥事があったら批判すべきです。なぜならば、今の社会において、党内パワハラという人権侵害を容認するような組織に、権力と戦って勝利することなどできないからです。いずれにせよ、「権力側が喜ぶ」などという非現実的な妄想を前提に、共産党におけるパワハラなどの人権侵害を容認し、それに対する批判を否定することは完全な誤りだと断言できます。

※大野たかしのＮｏｔｅ（https://note.com/oono_chiba/n/n1fa7e4a0a824）より一部改変して転載

自分が共産党を離党した理由

竹浪　純

２０２４年3月21日
日本共産党○○地区委員会△△支部長　◇◇◇殿

離党届

本日２０２４年3月21日をもって、日本共産党を離党します。

尚、前払いしている２０２４年4月から12月までの党費は返却くださるようお願いいたします。

＜離党の理由＞

自分は大学でドイツヘーゲル哲学を学び、マルクスの弁証法的唯物論に出会った。弁証法的唯物論が自分の思想的基盤となった。マルクスは「すべてを疑え」ということばを好んで使った。自分はこの言葉を行動基準の一つにした。マルクスは「共産主義」を、「つくりだされるべき何らかの状態、現実が則るべき何らかの理想ではない。……現在の状態を止揚する現実の運動である。この運動の諸条件は、今、現に存在している前提から生じる」（ドイツ・イデオロギー、マルクス・エンゲルス全集3、31―32頁、大月書店）と語った。

自分は、マルクスが描いた共産主義を具体化しようと、資本主義の克服のために闘っていた日本共産党での活動を通じて、社会を変革することをめざし、1973年に入党しこれまで活動をしてきた。しかし、この間の様々な出来事を通じて、これまで疑ってこなかった共産党の本性を見た。「すべてを疑え」は日本共産党にこそ向けられるべきだった。自分は、このままの組織では、党員の巨大なエネルギーを有効に発揮できず、国民の支持は拡がらず、自ら掲げている「多数者による革命」は夢想に終わると考えるに至った。

自分の行動基準のもう一つは「自己に正直であること」だ。党の内部からの意見具申による改革は、現在の党規約はそれを保証するものとはなっておらず、異論を深めあうことは不可能だ。自己に正直であろうとすれば規約違反となる。

今や共産党中央の言動は、自分の思想的基盤とそれに基づく行動基準とは相容れなくなってしまった。この間の共産党の言動を認める自分を許容することはもはやできない。

1　2022年3月23日ゼレンスキーの国会演説でのスタンディングオベーション

日本を戦争に巻き込むことになるかもしれないウクライナのゼレンスキー国会演説に、日本政府と共に共産党がスタンディングオベーションで応えたのは、共産党の歴史の汚点となった。共産党のウクライナ支持表明は、常任幹部会で議論されたものではなく、志位委員長による独断であったという。

その結果、どうなったか。本来、憲法9条を持つ日本は、両国の仲介役としてそれぞれの言い分を聞き、紛争を収める立場に立つことができたのだ。紛争ぼっ発の経緯を慎重に吟味する間もなく、当事者の一方であるウクライナ側についたことによって、共産党は日本政府のウクライナへの軍事支援政策にも巻き込まれることになった。共産党が主張する、「ロシアはウクライナから出ていけ」は、紛争の停戦を求めるものではない。停戦を求めなければ紛争は続く。共産党が主張する「国連憲章を守る世論の結集」とは何を意味するのか。現実的な力を持たない空理空論を振りかざすことは、紛争を長期化させる効果しかないではないか。ウクライナとロシアの戦争は、もはや第三次世界大戦の瀬戸際まで拡大しているのだ。

ウクライナを支援すると言い始めれば、軍事支援に勝るものはない。9条を守る立場から非軍事的な物資の支援に限るとする共産党の主張は、国民の世論をリードすることはできなかった。ウクライナ問題で共産党はどこに着地点を求めるのか。田村副委員長（当時）の「防弾チョッキならいいんじゃないか」発言の撤回も含め、共産党の外交方針は迷走している。自分は、もはや党中央の指導力に信を置けない。

2　2022年8月24日の建設委員会論文

2022年8月24日の赤旗に「日本社会の根本的変革をめざす革命政党にふさわしい幹部政策とは何か、一部の批判にこたえる」という党建設委員会名の論文が掲載された。端的に言えば、日本で革命を起こすためには、民主集中制の原則に則った党運営が必須だというものである。論文は、この「革命」という一般市民にはなじまない言葉をあえて使い、「日本の政治を根底から変革する民主主義革命」とか「革命政党」など綱領でも使われていない言い回しをして、民主集中制の意義を煽った。この論文では党首公選制は派閥を生み出すもとになると断じ、現在の組織運営を正当化した。これ以降、党首公選制を主張することが規約違反のような論調が赤旗紙上で主張されるようになった。松竹氏の除名も、この流れから出てきたものである。しかし、この論文は、党の決定ではない。

私が共産党の組織論に疑問を持つようになったのは、この論文がきっかけである。規約を調べると様々な問題が浮かび上がってきた。分派を形成しないよう党員は横につながってはいけない。機関に意見を述べる権利はあるが、機関は回答する義務はない。決定に対する反対意見の表明は規約違反となり処分される可能性がある。SNSやメールなどで異論を述べるのはご法度で、党機関はそれを監視している。処分されるかどうかは機関の匙加減だ。選挙とは名ばかりで、機関幹部がつくった推薦名簿に基づいて役員は決まる。どれもこれも共産党が言う民主集中制を維持するためにやられていることである。

3　2023年、2、3月の除名事件

2023年2月、共産党は松竹伸幸氏を、そして3月に鈴木元氏を除名処分とした。共産党

の異論を許さない体質が図らずも表出した事件である。出版の時期を相談したことを分派認定したことはその最たるものだ。また松竹氏が党首公選を主張することをもってそれを規約違反だとしたが、規約のどこにもそんなことは書かれていない。そもそも、松竹氏も鈴木氏も、党を破壊しようなどとはみじんも考えていないのだ。鈴木氏は京都の共産党を大きくして、穀田氏などを当選させてきた立役者である。松竹氏は志位氏の主張する「共産党が政権に入ったときの自衛隊への態度」について、その主張をさらに発展させる立場から論を展開しただけなのである。こうした人物を排除し、赤旗紙上で口を極めて罵倒する共産党中央の一部の姿勢は、これまで党の方針を全面的に信頼し、あまり深く考えたことがなかった自分にとって青天の霹靂であった。

党中央が二人の除名を規約に則り慎重に検討したものではない、ということが、除名後に行った小池書記局長の記者会見で露呈した。小池氏は、除名された者が再審査請求できると定められている規約55条を知らず記者に指摘され、「それならそうなのでしょう」と言いつくろった。党中央幹部が党規約を熟知し、規約に則り厳密にことを運んでいると思っていたのは幻想だったと実感した瞬間だった。共産党中央の一部幹部が党を私物化し、異論を排除し始めているのではとの思いを強くした。

4　29回党大会のハラスメント発言と規約違反の松竹氏除名再審査却下

離党を決めることにした決定打は、29回党大会での田村委員長による結語と山下副委員長による松竹除名再審査の却下である。たまたま自動車のなかで流された中継映像を観ることとなったのだが、田村氏の般若のような形相で大山奈々子神奈川県議会議員の発言を糾弾した姿は、今でもトラウマになり、新しくできた田村ポスターは見るのもいやだ。田村氏が行った大山氏への人格攻撃は、まごうことなきハラスメント発言である。ハラスメントの指摘に対して、本人はハラスメントではないとの言い訳をしたが、本人の言い訳が成り立つものではない。厚生労働省は、パワハラの定義を「優越的な関係に基づいた人格を否定するような発言」としている。田村氏は大会結語の中で、大山氏を「姿勢に根本的な問題がある」「党としての主体性を欠き、誠実さを欠く」と批判した。「姿勢」や「主体性」「誠実さ」などは大山氏の人格そのものであり、このことがパワハラと指摘されるのは社会の常識である。こんな人を上にいただいて党活動はできない。

松竹氏からの除名再審査の申し立ては、共産党規約55条に基づいた正式なものである。ところが共産党は、松竹氏の問い合わせに対し、審査請求を受理したとの返答はあったものの、審査請求書を大会代議員に配布することもせず、大会で松竹氏に弁明の機会も与えなかった。そもそも審査をどのように行うのかという連絡もなかったのである。松竹氏が提出した審査請求書は、大会幹部団という一部の幹部によって議論され、その結果として「審査請求を却下する」との報告が山下副委員長によって行われた。松竹氏は2万字に渡る膨大な再審査請求書を大会の3か月前に送付している。しかし、大会幹部団がそれを目にしたのは大会当日だった。大会幹部団の一人である高橋千鶴子氏は、とにかく審査請求書を読まなければならないと、膨大な請求書を夜を徹して読み通したそうである。他の大会幹部団はどうしたのであろうか。再審査の審議過程は、あらかじめ中央幹部の一部がそのシナリオを描き、その筋書きに沿って行われた茶番劇にすぎない。民主主義を標榜する共産党の幹部による民主主義的な手続きの蹂躙が、かくもこのようなずさんな形で行われているとは驚くばかりである。規約を蹂躙しているのは、共産党中央だと言わざるを得ない。規約の重みを理解せず、山下報告を拍手で承認した代議員も同じである。松竹氏が起こした除名取り消しの訴訟の結果によっては、拍手した代議員にもその責任が問われることになると指摘したい。

5　高橋千鶴子衆議院議員団長の常任幹部会からの排除

大会で高橋千鶴子氏が常任幹部会員から降ろされたことも、今の共産党中央は評価に値しない組織だと思わせることとなった。この除名事件後の党中央の対応について、しばしば批判的な意見を述べてきた高橋氏は、大会当日までまさか自分がおろされるとは思っていなかったそうで、役員を外された後も志位議長から一言も声かけもなかったという。つくづく冷たい組織である。代わりに入った土方氏は、松竹派を大会に参加させるなと言う論文を赤旗に発表した人で73歳だ。党中央の人事は、ほんの数人で勝手に決めているのだろうというのが私の推測だ。国家権力と最も近いところで闘い、最も近いところで国民の声を聴き発言をしている衆院議員団長を常任幹部会から降ろすということは、党の人事は、国会で果たしている役割ではなく、党のトップの意向に沿っているかどうかで決められる、ということを示唆している。こうした状況で、次期衆議院選挙で高橋氏を再度国会に送り出すことを自分は躊躇する。高橋さんをわざわざ中央に送り出し、志位・田村のお友達内閣に献身させるのはかわいそうでならない。高橋さんは青森に戻って活動してくれた方がいいのではと思っている。

6　党勢の長期低迷を科学的に分析・総括し改善できない党中央の無能力

共産党がこの間勢力が減退している問題について、共産党中央は一切総括をしていない。29回大会で出てくるのかと思ったが、まったく出てこず、さらに輪をかける増やせ増やせ論ばかりだったのには失望した。

誰もが本当にできると思っていない130％の党づくりを掲げ、毎月檄を飛ばすこのやり方が、科学的社会主義の党のやり方だと言えるだろうか。全国の県委員長、地区委員長はこの方針をどう受け止めているのだろう。除名された鈴木さんは、「中央から給料をもらっている県委員長が逆らえるはずがない。意見を述べることは左遷につながるわけだからそうならざるを得ない」と述べている。党大会の代議員の多くがこうした専従者と議員で占められる組織で、改革の意見が出てくるはずがない。7割方非専従の党員で構成される大会になるような抜本的な組織改革が必要だ。

この間の大量の減紙と離党者によって、早晩赤旗日刊紙は廃刊に追い込まれる可能性が強い。3月19日付の赤旗紙面には、機関紙活動局長と財務・業務委員会責任者の連名で「日刊紙、日曜版の発行の危機が現実のものになりつつある」との悲壮な告白を伴った訴えがなされた。訴えは、党員に対して「毎月、毎月の読者拡大の努力」「全党のみなさんの大奮闘」を求めている。本当に財務は深刻なのだろう。だが、その財務諸表は党大会では公開されなかった。「知らしむべからず寄らしむべし」の諺を地で行くやり方だ。

赤旗に限らず、新聞は一般紙も軒並み部数を減らしている。新聞紙の縮小は不可逆的な流れである。しかし本来、党中央が有能ならば、財政危機に陥る前に抜本的な対策がとれたはずである。抜本的な対策を上意下達で有無を言わさずできるのが民主集中制なのだから。しかし、無能な幹部の結果、そうした対策は取られず、出てきたのは責任を末端に押し付ける拡大拡大の号令のみだった。

機関紙に頼らない党運営を考えることは急務であり、党中央が方針を出せないのであれば、全党挙げてのオープンな議論が必要なのだ。

7　党の秘密警察的官僚体質

規約上、支部以外の党員とつながることは分派と認定される。この間X（Ｔｗｉｔｔｅｒ）で、いろいろ批判的なことを述べてきていたが、私のX（Ｔｗｉｔｔｅｒ）は党中央が監視をしており、それが県委員会に報告されたらしく、私の友人に県から電話がいき、私から何か言われていないかどうか聞かれたとの報せがその友人からあった。X（Twitter）上では、下りの地区党会議に出席しようとした代議員が、入口で待ち構えていた地区委員長らの集団に入場を阻止され、X（Twitter）で当人が発信したポストのコピーを示して、「これはあんただろう、調査しているので会議への出席はできない」と門前払いを受けたとの事例が報告されている。X（Twitter）は、多くの人が匿名で発信しており、その匿名性が売りでもある。それを秘密警察のように調査をする部門を党中央は持っている。こうした組織が政権につき権力を握ったときのことを考えてみる。この政権が自由と民主主義を発展させることができるとは思えない。

8　党員を駒としてしか見ていないこと

3月12日の赤旗に、「今後の青年支部のあり方、活動強化の方向」という記事が載った。全国都道府県組織部長、青年学生部長合同会議が開かれたのだ。そのなかで中央から、今後青年支部は30歳で居住か職場支部に転籍させるという方針が出されて確認され、「待ちに待った提起だ」と歓迎の声が上がったとの記事である。新たに入党した青年を集めて支部にしているそうだが、それを30歳からは居住、職場で頑張れというわけである。党員を駒としてしか見ていないのだ。だからこんな方針が出てくるのだ。本人の実情に合わせて、活動しやすい場所で頑張ってもらうというのが常識的なやり方だろう。その人の活動しやすい場所が今の青年支部であるならばおいておけばいいではないか。X（Twitter）上では、これでまたやめる青年が増えるのではないかと心配の声がだされている。こういう組織体質を改めなければ党の発展はない。しかしそういう意見をあげるパイプは閉じられている。

9　規約を超え、内規で党員を排除すること

この間私は、党員が無所属で立候補すれば除籍になることについて、規約に書いていないのになぜそうなるのかを聞いた。回答は半年以上たった後に、明文規定はなく内規によるとのことであった。内規文書はない。結局のところ中央・県党の解釈、意向によって決められているということである。規約に書いていないことを内規による一片の通達で一人の党員を除外する。大鰐と階上の党員を除籍した結果、大鰐の30部の赤旗読者、階上の80部の赤旗読者は限りなくゼロに近くなった。

除籍された党員と党機関、どちらが党に被害を与えているのか一目瞭然ではないか。党員が個人の資格で立候補する自由さを認めない共産党の体質は、それを認めている自民党と比べら

れよう。

10　まとめ

民主集中制は、指導者が極めて優秀で過ちを犯さない人物がいて、例えばロシア革命時、日本でいえば、戦前の共産党など限られた条件のもとでは有効だと言える。自分も学生運動を通じてその有効性を経験した。命を懸けて、トップの数人の幹部に対する信頼のもとに行動を統一する。家父長的権力を受け入れ、将来の革命を信じて、手足になって働くということである。しかし、民主主義の進展のなかで、個の確立が進み、基本的に平和な社会のなかで、多様な主張が党員のなかでも交わされる現在にあっては、民主集中制は適切な組織形態とは言えない。なにせ、上級機関が間違っていてもそれを修正する機能がないのだから、上部が間違った場合、死なばもろともなのだ。こうした組織に新たな党員を迎えようとは自分は思わない。それは自分の思想信条にも反する。

民主集中制に代わる自由で民主的な議論を求めれば、それは「革命抜きの組織論」にすぎないという志位議長、田村委員長などの無能な党中央幹部によって、今となっては「民主集中制」は改革の枷となっている。この枷と共に共産党が解体していくのか、この枷を取り払い、オープンな議論ができる党へと変化していけるのかが今、問われている。

このままでは、共産党が主張する国民の多数者による革命など金輪際できるわけがない。しかし、少なからぬ共産党員や支持者が、積極的か消極的かはともかく、自分と似たような意見や感想を持っている。こうした方々は、心から共産党の改革を望んでいる。

自分は、これまで述べてきた主張を党内外に広げていきたいと思っている。しかし、規約上、支部以外でこうした主張することは規約違反とならざるを得ない。自分が自由に主張し、その主張を広げるためには、離党する以外に選択肢はない。今後、自分は自由な立場から、共産党が修正すべきことをいろいろな場を通じて率直に指摘していきたいと思っている。しかし自分の指摘・批判は「反共」ではないことを強く主張しておく。

以上

〈付録〉離党を決める背景となった自分の活動経験について

※この文章は、離党届と共に提出した、自分の主要な活動歴である。支部の仲間とは、こうしたことをいろいろ話す機会がほしかったが、かなわなかった。支部会議の場ではもちろん話す時間はないし、支部会議以外

で仲間が集まることはない。しかし、離党するにあたり、自分を支えてきたものが何だったのか、自分を離党の決意に導いた自分の足跡を、不十分だがいくらかでも仲間に伝えたかった。

＊＊＊

社会問題に私が目覚めたのは大学に入ってからである。それから50数年が経過した。この間、自分の生き方を方向付けた事件がいくつかあった。こうした経験が、今の自分に離党を決めさせた動機となっているのだろうと思うので、それを紹介したい。自分の人生の3分の2以上をかけた共産党をなぜ離党せざるを得ないと考えるに至ったのか、内心の告白に近い記述となってしまったが、支部の方々には自分の思いを伝えたい。

1　大学での統一戦線の経験

私は1970年に早稲田大学文学部哲学科に入学した。1971年に発生した文学部構内での革マル派による川口君リンチ殺人事件に対して、自然発生的に発生した抗議行動と革マル派が牛耳っていた学生自治会の民主化運動に、当時2年の自分も加わった。その後、2年間隠れ民青としてノンポリ、中核派、社青同解放派などなどの人たちと共に、革マル派の自治会に代わる新たな自治会の確立を呼びかけた。自治会の民主化を求める運動は、文学部学生1400名の参加で大会を成功させ臨時執行部を確立した。自分も9人いた臨時執行部のなかで唯一共産党系のメンバーとして活動した。その後、執行部のメンバーは革マルのテロに見舞われた。執行委員長、副執行委員長が重傷を負い、私は襲撃から逃れるため、執行部の角印を持って点々と引っ越しを重ねた。臨時執行部は崩壊することになる。

運動を通じていろんな立場の人たちとの交流があり、考え方の多様性を経験した。そして我々執行部の行動原則は、「暴力は使わない」「徹底した議論を尽くし、一致して動く」だった。これはまさに民主集中制の原則だった。こうした革マル派との闘いという緊迫した条件のなかでは民主集中制は有効で、当時の執行委員長の判断は的確だった。有能なトップの下で民主集中制は機能した。しかし文学部自治会の民主化という当初掲げた我々の目標は、革マルの暴力に屈した結果、敗北に終わったのだった。

2　共産党による学者、理論家の排除

大学に入りたての頃は、自己の内面をつきつめるヤスパースなどの実存主義に傾倒していた

が、学生運動に接する中でマルクス主義の弁証法的唯物論を知るようになり、マルクス、エンゲルス、レーニンの著作を読み漁った。私が共産党に加入したのは1973年、大学4年生の時だから、今年で入党51年目を迎えるのだ。入党動機は、この弁証法を政治的に適用しながら社会変革を目指しているのが共産党であるということを知ったからであったと思う。

当時、哲学者で尊敬していたのが古在由重で、その温かで優しい語り口は、私のめざす人物像でもあった。その古在由重が、1984年原水協運動が分裂した際に、共産党による原水協人事への介入とそれへの抗議の結果、共産党を除籍された。このことについて、当時、話には聞き疑問に思ったのだが、深く追及せずに来たことが今となっては悔やまれる。この事件は、共産党が学者の立場から理論的に批判や助言をして党を支えてくれる人を失うきっかけとなったのではないかと思っている。とりわけマルクス経済学の立場からの現代の諸課題の解明は、共産党は常に行われなければならないテーマだと思うのだが、東大経済学部ではマル経不要論がこれまで数度出てきているという。それだけマルクス経済学を深めようとする人材がいなくなっているということなのだ。こんなことを反映してか、近年、党中央から理論的な論文は発表されていない。志位議長は戦前の活動家の英雄談を振り返るだけである。理論的な支えなしに進む共産党は、もはや科学的社会主義の党とは言えないところにまで来ているのではないだろうか。綱領が指し示す未来が官僚主義に陥らず、自由と民主主義が花開く社会であることを、政治・経済的な根拠を持って理論的に解明できなければ、綱領自体が夢物語である。

3　解雇撤回闘争での統一戦線

私が国立の知的障碍者の指導員養成施設で2年間国費をいただいて学んだあと、障碍者指導のいわゆる「エリート」として地元の知的障碍者施設に迎えられたのは1976年であった。しかし登録されているのに実際は存在しない「幽霊」職員を配置し、国から措置される人件費を不当に懐に入れていた理事長を相手取り、労働組合をつくったことが「飼い犬に手をかまれた」と園長に言わしめ、それがきっかけで、1980年に私を含む労組役員3名が解雇された。園長による「飼い犬」発言は自分の誇りを傷つけた。二度と、資本の飼い犬と言われるようにはなるまいと心に誓った。3年間の解雇撤回闘争では、共産党を支持する労組だけでなく、地方労など社会党の方々からも支援をもらい、支援共闘会議が組織され広く統一戦線がつくられた。3年間の闘いで解雇撤回闘争は完全勝利し、3人は職場復帰を勝ち取った。運動の広がりは一致点を大事にすることによって作り上げられた。他党派の方々との交流は、自分の考え方に幅と深さを与えてくれたのではないかと思っている。

4　労働組合での半日スト

障碍者施設への職場復帰後しばらくして、医療生協の労働組合の幹部から、うちに来ないかとの声がかかり、１９８７年に医療生協法人に入職した。労働組合はユニオンショップ制である。当時、労組のトップは生協のトップと意思が通じており、自分を労組の役員にした後は生協の幹部職員へと登用する話ができていたらしい。自分は、病院庶務課に課長補佐で入った。その後まもなく労働組合の専従書記長に転出。その後執行委員長を務めた。その執行委員長時代に賃上げ要求に対するゼロ回答が続き、交渉が膠着した。当時の専務理事が組合敵視をはじめ労組の要求はほとんど受け入れられなくなった。自分は、労働組合の最後の手段であるストライキを構えた。ユニオンショップのストライキはあり得ないだろうと共産党からも圧力がかかったが、半日ストは決行された。この労働組合の歴史上初めてのストライキとなった。その結果その専務は、交渉ができる専務と交代となった。

ユニオンショップと言えども、労組と経営は裏で手を握ってはいけない。「飼い犬」にはならない決意が半日ストを成功させたと思っている。

5　共産党の大衆運動からの撤退

ある時期から、共産党は大衆運動から手を引き始めた。地区党のなかにあった労対部などの専門部会は招集されなくなり、いわゆる民主団体から党活動が切り離された。党の活動は拡大と選挙活動に絞られていった。自分は、共産党こそが大衆運動が抱えている諸課題についてもっと深く把握し、党の地域政策へとつなげていくべきだと考えていたので、この方針転換には大きな不信感を持った。思えば、原水協への党の介入問題と、それへの批判の高まりがそのきっかけになっていたのではないかと思うがよくわからない。

地域の共産党組織が市民とつながることができるのは、大衆運動を通じてであろう。地域の市民団体の幹部は党員が多いのだから、そういう方々を集めて、今何が問題となっているのかを話してもらえば、地域政策などはすぐにでき上がるはずだ。ここの支部にも、市民団体の幹部が居並んでいる。こういう方々の経験、地域住民の声などは、共産党には不要なのだろうか。全国の党員の英知を運動に生かすことができれば、すばらしいエネルギーが発揮されると私は考える。これは大衆団体への介入とは違う。だが一方で、そのような機関にはないグループをつくり話し合わせることは、分派の形成につながると考えているのかもしれない。今の党中央の一部が考えそうなことだ。

6　核燃・原発反対運動における共産党への不信

２００８年に地元の共産党県議が自分ともう一人の活動家を呼んで、核燃反対組織をこの地域に作りたいと相談を持ち掛けた。その結果、この地域に核燃反対組織ができた。私は事務局長の任についた。しかしこの組織は、その目的に「核燃料サイクル施設の稼働に反対」と「危険な国の原子力政策の転換」を掲げ、いわゆる「脱原発運動」とは一線を画していた。「危険な国の原子力政策の転換」とは、〝安全な原子力政策に転換せよ〟という意味である。当初自分も、共産党が掲げていたトリウム炉だったら大丈夫、という主張を受け入れて運動を進めてきた。しかし、２０１１年の福島第一原発の大事故で、その認識は吹き飛んだ。自分は、もはや脱原発を明確に打ち出すべきと主張し、県内の脱原発組織に我々も参加しての共同行動を提案した。しかし当時の共同代表が私の主張を非難、折り合いがつかず、私はその年の総会で事務局長を退任した。退任の理由を私は明らかにしなかったので、不正が陰にあるのかと不審に思った方もいるという。私にとって、この悲惨な事故を目の前にして、県内の多くの原発に反対して運動をしている団体との共同行動をしない、という選択肢はあり得なかった。

その後自分は、脱原発の県内グループのネットワークの結成に向けた活動に入った。しかしその後、共産党が突如「原発ゼロ政策」を打ち出した。脱原発とは言わないので、そのうちこの政策も変更になるかもしれない。しかしこれは、これまでの態度に対する総括抜きの方針転換だった。２０１３年の３１１集会には当該の核燃反対組織も参加したが、少なくとも代表レベルは、それまでの自らの言動に反した行動となったことは自覚しているはずである。世論の動向を見ながら、なし崩し的に方針を転換させて良しとする姿勢は、私の哲学とは全く相いれない。

７　自分の経験知見をもとに、もっと党に貢献したかった

今、共産党員に与えられている任務は、赤旗と党員の拡大である。しかし、これまで書いてきたような様々な出来事のなかで、この任務を遂行しようとは思わない。これができないとなれば、あとはやれる仕事はほとんどないに等しい。毎月の会議に出たところで得るものは何もなく、時間の無駄に近い。しかし、自分は共産党に、違う形でいくらでも貢献できたはずなのだ。

自分は、２０００年前半にある方から薫陶を受けて以来、これまでの活動のなかで、党外の方々と多彩なパイプを培い、運動の輪を広げてきた。自分が関わり、現在も活動に加わってい

る市民運動を以下に挙げる。

（※組織名省略）会長、事務局長、事務局長、事務局長、事務局長、事務局長、事務局長、事務局員、事務局員、世話人・事務局員、運営委員、会員・自然観察指導員、幹事、会員、会員、会員、会員、会員、会員、個人会員、個人会員、個人会員、原告訴訟人、原告訴訟人

これまで自分は、このような多様な人間関係のなかで、思想と発想の豊かさを担保し、物事を発想し、運動を提起し、社会を変革するために取り組んできた。とりわけ2015年に医療生協を完全退職してからは、毎日がこうした市民団体の仕事で明け暮れており、それは現在も続いている。

しかし、この多様な人脈と、そこから得られた経験や知見は、確かに自分の財産だが、同時に共産党の財産でもあると思ってきた。党員各個人が自分なりに蓄積してきたものを活用できる、利用してくれる組織に共産党はなるべきである。

党員は自分の力が党の政策や活動に反映されることに喜びを感じるのではないのか。しかし、現在の党はそのようにはなっていない。支部会議は、党員が自由に発言し意見交換できる場所であるが、そうした機会は、毎月1回1時間程度に過ぎない。貴重な時間を効率よく使えず、いつもイライラして申し訳なかった。支部会議に出席して良かったと思ったことが一度もなかったことは残念なことである。

8　自分の力を利用してくれる人が現れた。本当は共産党に貢献できればいいのだが

自分の力を利用してくれている方がいる。立憲民主党の地域代表をし、衆議院選挙にも出たこともある方だ。その方とは、２０２１年10月の衆議院選挙からお付き合いが始まった。地域の市民連合が同年４月に発足し、最初に取り組んだ選挙がこれだった。自分はその方のパンフレットを作成するところから相談を受け手伝った。翌年２０２２年４月の市長選挙も、地域の市民連合は唯一の革新候補として、その方を推薦し取り組んだ。

今、来たる衆議院選挙に備えて、この地域では立憲民主党が候補を擁立して選挙準備を進めている。自分にもその方から協力要請があり労をとっている。要請の中身は、候補予定者と友だちになってほしい、いろいろ気にかかることがあれば率直に話せるそういう関係になってほしい、何も分からないから色々教えてあげてほしいということだった。支持拡大の話ではないのだ。それで三度ほど候補者と会い、支援者らと共に懇親を深める機会もあった。自分は候補予定者に、私が事務局長をしている会が毎月発行している県議会の検証チラシを数年分と、冊子発行している冊子を渡して、県議会でどんなことが話されているか、地域の実践家・活動家

がどんなことを考えているか、まず知ってほしいと言った（候補予定者は地域で生まれ、現在東京在住なのだ）。候補予定者には感謝された。妻は、自分の持っているあらゆる人脈を投入してその方を励ましている。

誤解しないでほしいのだが、こうした協力は自分が立憲民主党を支持しているということではまったくない。政策的には共産党が断然優れていることは明らかだ。しかし政権交代という同じ目標があるとき、協力を求められれば自分の持っている財産はいくらでも与える、というのが自分のスタンスだ。共産党県議の政策秘書をボランティアで手伝うことができればいいのだがと思ったこともあったが、要請されなかった。今の政治情勢では、立憲の候補者をなんとしても当選させることがこの地区の重要な目標であることは疑いがないだろう。その候補者は若く、魅力的で有能な方だ。自民党への対立軸を鮮明にするために、多くの人たちによる党派を超えた協力が必要だ。自分の協力が運動の輪を広げていくものと確信している（ここの地域は、小選挙区で毎回自民党が議席を占めており、市民連合が候補の一本化を野党に求めている）。

現在の党組織が、個々人のエネルギーを引き出せるような組織に転換することを心から期待したい。

以上

資料① 大山奈々子代議員の発言・意見書

第29回党大会　大山奈々子討論　発言予定原稿
開かれた党であるために

①折り入ってベタ訪問が切り拓く道
②松竹氏除名問題にみる党内民主主義の課題

横浜市港北区で県議3期目に送っていただいています。

入党呼びかけの日常化についてお話しします。私の選挙区は県議を取るには党勢が弱いということで案をめぐらし、見える共産党にしていこうということで、各支部が駅頭で定例宣伝を組み、地方選最中には1か月に33時間も宣伝行動を行い、そのこと自体が地域回りのなかで党への信頼につながっていることを感じています。駅頭での読者拡大や入党経験も珍しくありません。見本紙はもちろん入党申込書を駅でお渡しすることもあります。

訪問活動については軒並み訪問しながら人を見て折り入ってお願いする「ベタ折り入って」

作戦が流行っています。折り入ってだけでは全然足りないうえに家と家を飛ばしていくのも効率的ではありません。

人口を36万人も擁する地域なので、選挙までに政治的アプローチを受ける有権者の数自体がごく限られたものになります。1枚のチラシ1枚の名刺がポストに入る意味は大きいと考えます。

このベタ折り入って行動では共産党の支持率の何倍もの支持を取り付けることができます。オートロック対応のマンションでインターホンの会話だけで招き入れられロビーで話し出会って30分で入党を快諾していただき、その後、支部がしっかりつながった例もあります。

従来、防衛の観点から入党働きかけは丁寧で慎重であったことは理解しますが、一方で党への強い思いがある方を取りこぼしてはいないでしょうか。数年前に入党し、現在熱心に活動しておられるある支部の方は40年前から党に入りたかったとおっしゃいました。この方の声を聞いてから「入党を呼びかけないのは失礼だ」と思うに至りました。自民党の県議は年間２００人の党員獲得がノルマだとおっしゃっています。私たちもそのくらいの気概を持って仲間を増やさなければならないのではないでしょうか。よく対象者名簿をつくると言いますが、対象になる人とそうでない人はどういう違いがあるのでしょうか？　働いてもらえそうな人とそれ以外でしょうか。今の世の中をなんとかしたいと思っている方は、すべて包摂する多様性を尊重する党であるためにも対象を絞らず、いつもバッグに入党申込書を入れて歩くことが大事だと意思統一を行っています。市民は声かけを待っています。

次に松竹氏の除名問題で顕在化した党内民主主義の課題についてです。私は松竹氏の著作は読めていません。「異論だから除名したのではない」という党の見解に立てば、そこが問題ではないという考えからです。

先に説明したベタ訪問の重要な意義は、赤旗も後援会ニュースも読んでいない方のいわば国民マジョリティの生の声を聞くことができることです。

昨年地方選前に松竹氏の著作が発刊され、その後まもなく彼は除名処分となりました。大事な時期に、なんと言うことをしてくれたのかと、松竹氏に怒る仲間の声がありましたが、問題は出版したことよりも除名処分ではないでしょうか。何人もの方からやっぱり共産党は怖いわねと、除名なんかやってちゃダメだよと言われました。私は党の見解を紹介するわけですが、党内ルールに反していたためだとしても、こんなことになるなら、将来共産党が政権をとったら、党内に限らず、国民をこんな風に統制するんだと思えてしまうと。党の未来社会論への疑念につながっているわけです。志位さんに言っといてねと言われていましたので、この場所に立っています。結社の自由を唱えてみても党内論理が社会通念と乖離している場合に、寄せられる批判を攻撃と呼ぶのではなく、謙虚に見直すことが必要です。

規約に反したことをしていたとしたなら当然処分もあり得るのでしょうが、それが除名なのか。犯罪を犯したわけでもない人に、この処分の決定の早さと重さについて疑問を持つ仲間は少なくありません。党大会にもその声は多数寄せられているようです。一時期人気を博した希望の党から人心が急速に離れたきっかけは、小池百合子都知事の「排除いたします」と言う発言であったことは、記憶に新しく、あのとき国民が感じた失意が今私たち共産党に向けられていると認識すべきです。除名したことについて「異論を唱えたからではない」と繰り返しわが党の見解が報じられていますが、その後に続く論には、松竹氏の論の中身の問題が熱心に展開されますので、やはり異論だから排除されたと思わせてしまうのです。この問題について「メディアによる攻撃」論が繰り返し訴えられますが、攻撃の理由を与えてしまったのは党の判断である以上、その判断に間違いはないと言うのであれば、いっそうわが党が民主的である証左として、松竹氏による再審査請求を適切に受け止めて、国民の疑念を晴らすべく透明性を持って対処することを要望いたします。

昨日の報告では、大会議案第3に指導部の選出方法や民主集中制についてその見直しを求める論は、革命論抜きの組織論だと強調されましたが、それならばそういう意見を交換してはいかがでしょうか。除名という形は対話の拒否にほかなりません。排除の論理ではなく、包摂の論理を尊重することは、国際関係だけではなく、政党運営にも求められていると感じています。革命政党が団結を重んじなければならないことはもちろんですが、だからその厳しさは理解が難しいという孤高の立場ではなく、広く国民に理解される努力をするべきだと考えます。党の発展を心から願って発言を終わります。

２０２４年１月22日　北東地区委員会の地区委員会総会での発言原稿

第29回党大会報告 結語の受け止めについて

代議員　県議会議員団団長　大山奈々子

私は現在、党規約により、党大会に関する私の討論や結語に対する一切の発信を控えている状況です。党内会議においては、党大会の受け止めを報告させていただきます。

党大会の代議員は文字通り、市民・党員の代弁者であるべきという姿勢で臨みました。地域の皆さんと回って聞き取った多くの市井の声、党内で見聞する疑問を、限られた時間（討論時間の半分約4分）で、焦点を絞って取り上げました。

地区党会議、県党会議と経るノボリの会議のなかで熱意をもった少数意見が排除されていく過程を見て、当初積極的に発言する予定はなかったのですが、発言通告するに至りました。県党会議での発言（松竹氏の再審査請求の対応を含め真に民主的な組織であってほしい）を受けて県委員会に呼び出しを受け、別な日に中央委員会まで来て話をする（実質上の発言封じと感じられました）ことが行われたことも、こういう経過を経た党大会であるならば何としても意見を届けなければと意を強くしました。

多くの発言通告があるなかで、中央委員会にとって歓迎されなさそうな私のテーマは《総合的な判断で》取り上げられないであろうと予測されましたが、発言が許され、大変うれしく感じたものでした。異論を許す党の姿を見せられる、とも思いました。

しかしその後の対応は予想外に問題がありました。続けて3人が私を何度も名指しして反論。このこと自体は討論ですからやむなしでしょう。しかし発言通告は可能な人数の2倍近くあり、討論が叶わなかった代議員も出てきています。のちに聞くともともとより松竹氏問題は3人が述べる予定だったといいますが、バランス感覚が疑問です。

最大の問題は、「結語」での指摘という名の罵倒。畳みかけるような閉会の言葉です。

志位さんは「わが党は異論を認めない党ではないことが明らかになった大会」という趣旨のことをおっしゃいましたが、それは私の発言を認めた段階までのこと。その先の展開をみれば、異論を唱えれば激烈な反論に合うことが露呈し、若い代議員や国民に嫌な印象を与えたなと痛恨です。しかしそれは私が負う責ではありません。

結語の内容には事実誤認がありました。

「党外の人が言っていることのみをもって」、という趣旨が2回繰り返されましたが、私は少なくない仲間の疑念だと紹介しています。

「処分理由のどこが問題か批判できていない」とさも不備があったように指摘されましたが、私は処分理由を論じる気はもとよりないので省きました。処分の早さと重さのみ焦点にしました。「松竹氏の著作を読めていない」と私がなぜわざわざ言ったのかご一考いただきたいところです。

ハラスメント性について。

800人の参加者の中で私だけを指して、私の「姿勢」や、「党員としての主体性や誠実さを欠く」など人格攻撃と見まごうような言葉を並べ長い時間を割いて批判。私は、ただ呆然と聞くのみでしたが、あとで寄せられた意見は「終始涙が流れた」、「怖くて震えた」、「自分が受けたハラスメントがフラッシュバックして動悸が止まらなかった」、「泣いている仲間がいた」、「あれはない」、「ハラスメントだ」、「党に意見書を出した」、「抗議した」、「大山さんの心中を思うと胸がつぶれた」という意見が特に若者、地方議員、弁護士らから寄せられました。「大山さんの討論に100％賛成はできないけれどあの討論はない」、「大山さんの発言に賛同する自分に向けられた攻撃のように感じられた」というものも。

しかし各地から寄せられる抗議にもかかわらず、20日、小池晃さんが、ハラスメントではないと断言した記事が出ました。その前日に私は山下芳生さんと県委員会で懇談し、事実誤認を指摘し、「結語の持つハラスメント性を自覚し、適切に対応しないと党の将来に大きくかかわる」と述べ、「検討することが迫られている」と回答されましたが、その翌日が小池さんの記事でした。これについては県委員会を通じどう検討しているのか問うているところです。

（事実誤認に関しては新聞掲載にあたり「党内外の声」と、「内」が含まれました。すでにインターネットで流れています。覆水盆に返らずですが。）

「当事者がハラスメントだと言っていないのに、ハラスメントと騒ぐなんて」、という議員秘書のXでの発信は批判を受けて削除されました。

結語は中央委員約200人が練り上げたもので、もっと激しい言葉だったそうですが、議論を経てあの文に落ち着いたそうですが、誰一人あれを発表することの問題を指摘できなかったことに大きな問題を感じます。カリスマ性のある田村新委員長が一党員に行ったハラスメントであり、多くの同志も、その加害性を自覚することは難しいと思いますが、人権意識をアップデートするべきです。「自分さえ黙れば丸く収まると思ったけれど、自分の後にこんな被害者を出さないために声を上げることにした」というハラスメント被害者共通の気持ちが今わかります。しかも一般企業ではなくハラスメント根絶を掲げる政党だからこそ、真摯な反省が必要です。意見書などで対応していく所存です。

今回の党大会を見て、「私が何度も機関に意見を言ってきたこと、伝えてくれてありがとう」、「本当は私が言わないといけないことだった、代わりに言ってくれて感謝」、「勇気に感謝」とかの言葉を連日受け取っています。一方、結語が赤旗に掲載されてからは、大山の論がいかに稚拙か「動画をみたら厚みのない人間に見えた」とまで言われ、二次被害にあっています。公人たる私に対して、有権者の負託を受けた議員に対して行われたことにより有権者をも侮辱された思いです。

「規約と綱領を守ってください」「大衆迎合です」という声も。規約と綱領にのっとって動いたことです。私たちはもっと「大衆」、いえ、広く市民の受け止めに配慮しないといけないのではないでしょうか。「党をやめるか迷っていたけれど、この大会を見てもう完全に辞めることにした」という人、「やめたかったけれど大山さんの姿を見て頑張ることにした」という人……心から党の発展を願い取った行動が党の再生につながるよう願ってやみません。

2024年2月10日　神奈川県党会議での発言原稿

真に民主的な民主集中制の実現に関する問題提起

代議員　大山奈々子

第29回党大会決定に従い、国民の苦難軽減の立党の精神を発揮するため団結して頑張る決意を述べつつ、多数者革命の成功を願う観点から討論を行います。

私は現在、党規約により、第29回党大会に関する結語の受け止めや、私の討論全文のみならず赤旗に掲載された討論の要約文まで党外への発信を控えるよう山下芳生副委員長に命じられている状態です。『前衛』に全文が掲載されるからそれまで待つようにということでした。赤旗に掲載された要約だけでは真意が伝わりません。私の討論の真意は、除名という処分はその早さと重さにおいて、党内外で、異論を許さない党と疑念がもたれている。党の判断が適正であるならばその証として、再審査請求を透明性をもって行うべきというものでした。誤解されている向きがあるのでぜひ原文に当たっていただきたいと思います。

さて、その上で結語において私の討論に対し批判が行われました。その批判を厳しいという声がありますが、妥当な批判であれば「厳しい」という形容は値しますが、結語の内容は事実誤認がいくつかありますので、厳しいという指摘はそもそも、当たらないと考えます。

まず、私の討論の引用が誤っていた点を説明します。党大会の会場では「党外の人の言葉のみをもって」と語られましたが、私は除名についての疑念を、「少なくない仲間」の意見としても紹介しています。赤旗に掲載されるにあたって「党内外」と、「内」の一字が付け加わりましたが、ネット配信されたものはもう取り戻せません。あれほどの強さで発言者の討論を批判するのであれば、引用の過ちを決して犯すべきではありません。

また、処分理由について言及していないことを批判されましたが、党勢拡大活動を論じた残りの4分間でポイントを絞って論じるにあたり、それにはあえて言及しませんでした。さも、論理的に欠けているような言い方は印象操作です。また、私の姿勢や主体性に対する問題も取り上げられていましたが、のちに「主体性」という言葉について党中央に解説を求めたところ、党員として党の見解を説明する努力をしていないことをさすそうですが、私は市民から除名に関して疑問が呈されれば必ず党の処分理由を説明しています。そのことも当日の討論でしっかり述べていますが、これも見過ごされています。

そもそも、除名について、どんなに党による説明を聞いても党の論理を納得する市民ばかりとは限りません。私自身もそうです。松竹氏除名問題に関する党の見解をどれほど学ぼうとも納得するには情報は一面的ですので判断できずにいます。ですから松竹氏の著作を読む必要があると考えているので、「読めていません」と表現しましたがこれも「読んでいません」と誤って引用されました。ここでも誤った引用をしておいて誠実さがない主体性がないと言われるのは問題です。対立する二者がある場合に片方の言い分だけを聞いて判断することは私はできません。志位さんが「異論だから排除したのではない」と国民に繰り返し説明されましたのでその中身に踏み込むことは控えましたが、少なくとも出版から決定までの早さと、除名という言葉が多くの国民に与える衝撃については語る必要がありました。それは地域の皆さんと回って聞き取った多くの市井の声、党内でも多く見聞する疑問だったからです。現場で討論することのできる代議員として発言する責務を感じ発言通告するに至りました。

しかし、それに先立ち、ノボリの県党会議での同趣旨の討論を受けて県委員会に呼び出しを受け、1月5日には中央委員会から山下芳生副委員長まで来て話をすることが行われたことも、こういう経過を経た党大会であるならば何としても意見を届けなければと意を強くしました。

多くの発言通告があるなかで、中央委員会にとって歓迎されなさそうな私の討論が認められ、大変うれしく感じたものでした。異論を許す党の姿を見せられる、とも思いました。

しかしその後の対応は残念なものでした。異論を唱えれば激烈な反論にあうことが露呈してしまいました。しかしそれは私が負う責めではありません。８００人の参加者のなかで私だけを指して、私の「姿勢」や、「党員としての主体性や誠実さを欠く」など人格攻撃と見まごうような言葉を並べ長い時間を割いて批判されました。私は、事実誤認に基づいた結語を怒りをもって呆然と聞くのみでした。その後、手紙やＳＮＳで寄せられた意見は結語の動画を見て「ハラスメントを受けたときのＰＴＳＤで動悸がした」、「終始涙が流れた」、「怖くて震えた」というものがありました。私自身も後日涙が止まらない場面がありました。1月20日には、小池晃書記局長が、ハラスメントではないと断言した記事が出ました。しかしその前日に私は山下芳生副委員長と県委員会で懇談し、事実誤認を指摘し、「結語の持つハラスメント性を自覚し、適切に対応しないと党の将来に大きくかかわる」と述べ、「検討することが迫られている」と回答されましたが、その翌日が小池晃さんの記事でした。衆人環視のなかで、反論できない状況のなかで特定の人物について人格攻撃を含んだ言葉で強い批判が行われました。厚生労働省の職場のパワハラの６類型のひとつに該当するという有識者からの指摘があります。政党は職場ではありません。しかし、中央委員の誰一人あの結語を発表することで党が被るダメージを指摘できなかったことに大きな問題を感じます。私は中央委員会に「第29回　党大会　結語の一部訂正と謝罪を求める意見書」を提出します。ハラスメントが疑われている側がハラスメントはなかったと言っても説得力はありません。人権意識をアップデートするべきです。「自分さえ黙れば丸く収まると思ったけれど、自分の後にこんな被害者を出さないために声を上げることにした」というハラスメント被害者共通の気持ちが今理解できます。勉強になります。企業ではなくハラスメント根絶を掲げる政党だからこそ、真摯な見直しが必要です。

今回、結語が赤旗に掲載されてからは、大山の論がいかに稚拙か事実誤認をもとに強調され、私はいろいろな場面で二次被害にあっています。公人たる私に対して、有権者の負託を受けた議員に対して行われたことにより、有権者からも地元党員からも自分が侮辱された思いだとの声を受け取っています。士気をそがれた仲間もいます。「規約と綱領を守ってください」「大衆迎合です」という声もありますがあくまで規約と綱領にのっとった討論です。

革命政党ならではの困難さも理解しますが、多数者革命を目指す以上、党内論理に埋没せず私たちはもっと「大衆」、ではなく、広く市民の受け止めに配慮すべきと考えます。今回の大会結語の動画を見て、党を辞めたり辞めたくなったという方々の思い、支持者が感じた失望を受け止めた、適正な対応を求めます。

真に民主的な民主集中制を実現するために、大会前に機関による圧力的な面談など行うべきでないと考えます。また過去5回の再審査請求も今回も、請求者本人を招いての面談はおこなわれなかったといいますが、適正な再審査のためには再度の対話は不可欠だと考えます。

……心から党の発展を願い、取った行動が結果的に党の再生につながるよう願ってやみません。神奈川から政治刷新の風を吹かせ、衆院選勝利のため先頭に立って頑張る決意を述べて討論を終わります。

２０２４年２月20日
共産党中央委員会　各位

第29回党大会結語に関する意見書

神奈川県代議員　県議団団長　大山奈々子

党大会終了後速やかに意見書を提出するべきでしたが遅くなってしまいました。

2月10日の神奈川県の県党会議で発言した中身を添付したします（編集注：前掲「真に民主的な民主集中制の実現に関する問題提起」）。そちらも併せてご覧ください。

以下の各点について回答を求めます。

1．結語の引用部分に間違いがあった件に関する見解
2．結語のハラスメント性について多くの意見が中央に届いていると思いますがその総数をお教えください。
3．私は結語の発表においてハラスメントを受けていると考えます。この点についてはハラスメントではないとの見解が繰り返し述べられています。ハラスメントが疑われた際の

適正な対処の方法として第三者委員会による検証が求められます。

第三者委員会を設置し、再検証すべきと考えますが見解をお聞かせください。

4．再検証の結果、ハラスメントであることが確定すれば私への真摯な謝罪と視聴あるいは、読了した党員への謝罪、訂正が必要だと感じますが見解をお聞かせください。

党の発展を願って民主的な手続きを求めた私の論が、中央委員会にとってとても受け入れがたいものであったことは理解しました。是正を求めることが必要であったという考えも理解します。しかし、いかなる事情があろうとも、全国で視聴可能なあのような手法で個人攻撃を行うことが、どれほど党への信頼を削ぎ、恐怖を植え付けたかについて無自覚であってはなりません。党が人権を語るときその言葉に信憑性がありません。

党内論理に立ってどれほど正義であろうとも、広く国民に理解されることなしに多数者革命はあり得ません。真に民主的な党であるならば結語について率直に見直しされるべきだと申し上げたい。

党の躍進を心から願うものとして意見書を提出します。

資料②　埼玉県での性加害問題に関する文書

報告者

２０２２年２月６日
坂井ジェンダー平等委員会責任者　殿

２０２３年２月２日に、医療生協さいたまの元専務理事である齋藤氏の除名処分（職場内性暴力）と再発防止策について中央委員会の見解を聞き論議しました。

この問題の党としての対処は齋藤氏の除名を持って結論とする。以後、この問題についての意見質問には応答しない。規約五条（五）の対応を求める、との回答でした。

問題は、齋藤元専務が職権を乱用して職場内性暴力を行った事。埼玉県委員会の柴岡書記長（当時）が証言者に約束した「自己改革のための調査」を行っていない事。医療生協さいたま役員が齋藤氏の性暴力を隠蔽した事。党中央が齋藤氏の性暴力問題を職場の同志にも知らせないと決定した事です。それにより再発防止に党員が関われなくなっている事です。

以下、訴願します。

① 即断即決を迫られる問題では無いにも関わらず、職場内性暴力の再発防止に関わる協議を終了させるべきではありません。再考をお願いします。

規約五条（六）に基づきこの件について、職場支部・党委員会・地区委員会へ意見・質問することを検討します。

② 原則的な党員に納得いくまでの論議を保証せず、離党・除籍以外の選択肢を失わせるかの様な規約運用は誤っています。再考をお願いします。

③ 党が医療生協さいたまの一連の職場内性暴力問題を、齋藤氏の除名を持って結論としこれを他の党員に知らせてはならない（22年10月21日）と通知しました。医療生協内党員に自浄能力発揮の為の情報を与えなければ、再発防止の取り組みは労働組合運動・生協組合員運動・市民運動の大衆運動以外に無くなります。再考をお願いします。

また、この通知は地区・支部のルートを通じておらず、規約に基づかないものです。改めて地区・支部を通じた指導をお願いします。

④ 柴岡埼玉県委員会書記長（中央委員）が被害証言者に約束した自己改革的調査と証言者へ

の報復を許さない、を実行するよう指導をお願いします。

⑤雪田同志（医療生協理事長）を指導し、党員と理事長の立場の使い分けを改めさせ、党員の立場で得た情報によって医療生協を操作するのをやめるよう指導して下さい。

⑥性暴力は最も再犯性の高い犯罪です。齋藤氏は、医療生協役員に性暴力は行っていないと認定させ最高額２８００万円の退職金を得て逃亡しました。これは、齋藤氏以外の性暴力加害者（党員）に成功体験を積ませ、さらに党を汚す事態となります。医療生協さいたま役員党員が齋藤氏の性暴力隠蔽を改める様に指導をお願いします。

⑦中央委員会は、埼玉県委員会と医療生協役員グループ支部の問題であり、当事者ではない中央委員会の指導には限界があるとしています。こうした認識を改め、当事者達が誤りを自覚し自己変革に至るまで指導を徹底するようにお願いします。

回答は、3月15日（水）までにお願いいたします。

回答なし・受理通知なし

２０２３年６月６日

規律委員会　田邊進　殿

ジェンダー平等委員会責任者　倉林明子　殿

同　　　副責任者　山添拓　殿

組織局次長　吉岡政氏　殿

松井都委員　殿

秋葉台東地区委員長　殿

柴岡佑真中央委員　殿

報告者

1．以下の事実について確認を求めました（２０２３年４月５日、同年５月22日）が、回答がありませんでした。以上の経過から、ⅰ～ⅶに対する双方の認識に相違は無かった事が確認されました。改めて確認をお願いします。

ⅰ　Ａさん（党員　女性職員）が、医療生協さいたま前専務理事斉藤氏（元党員　以後齋藤氏）からの性暴力被害を、柴岡中央委員・埼玉県委員会書記長（以後柴岡氏）に告発した（２０２１年１月28日）。

その後、齋藤氏はAさん以外の女性への性暴力を根拠に除名処分とされた。

ii　柴岡氏はAさんに対し以下の3点（二次被害を生まない・セクハラの根絶・自己改革のための調査／Aさんの当日メモ有り）を公約した（21年1月28日）。

しかし、23年6月6日現在この公約は履行されていない。

iii　柴岡氏は齋藤氏を聴取した事実と、雪田医療生協さいたま理事長（党員　以後雪田氏）と善後策を協議した事を以下の文章でAさんに報告した。『党員として性暴力への「報復人事は許さないし、起こさせない」「もし内部告発があったとしたら告発者の権利と立場を守る」との立場を確認しました』（21年10月17日　LINEにて）。

vii　雪田氏は齋藤氏に本人確認も懲戒委員会の招集もせず、自己都合退職を理事会に提案し承認させた。（21年10月27日）

雪田氏はAさんからの第三者調査要求を拒否し、内部調査（調査委員長は医療生協の顧問弁護士）にて齋藤氏の性暴力は確認できなかったと結論し（22年5月6日）、役員会は総代に性暴力は無かったと報告した。総代会にて齋藤氏への退職金支給を議決した（22年6月25日）。

v　[redacted]

vi　埼玉県委員会は、Aさんに対し「党が除名した事実を他の党員を含む第三者に伝えることも（中略）控えるようにしてください」と通知した（22年10月12日）。

10月12日の通知に対し、Aさんは「隠ぺいに加担するように圧力をかけられたと感じています」と党中央に抗議した。（2022年10月17日）

vii　Aさんは柴岡氏にiiの公約履行を求め22年2月25日から11月26日の間に、5回の書面を送った。しかし具体的な回答は無く[redacted]自衛を図っている。

2．党規約第五条（六）に基づき意見し、すみやかに対処（党規約第十五条）するよう要求します。

（1）党員間であっても性暴力は犯罪であり党内処分だけで済ませるべきではありません。党員は齋藤氏に対して更生プログラムに繋がる社会的制裁を与えるべきです。

（2）性犯罪は再犯率が高い犯罪です。齋藤氏の常習性を否定しないまま指導監督責任を放棄すべきではありません。党員は齋藤氏に対し、再犯阻止の為の社会的監視状態を整えるべきです。

（3）党員は職場内性暴力の再発防止の為、まず医療生協関係党組織で専務理事党員の除名という痛恨事について論議すべきです。

3．ハラスメントに対する党員の任務と行動についてハラスメント根絶は党の基本方針であり、党内のハラスメントの再発防止の為に突っ込んだ自己批判・相互批判を行う（２０２２年11月22日志位委員長　赤旗）のはジェンダー平等の綱領を認めた党員の基本的任務です。

また（1）～（3）は、党規約第五条（一）に定められた党員の義務です。

これらの活動は綱領と規約を認めた党員の基本的な任務と義務であり、志位委員長が赤旗で全党員に示した公式な活動指針である事をご確認下さい。

以上

回答なし・受理通知なし

２０２３年６月７日
埼玉協同病院
医局支部長　雪田慎二　殿

報告者

前略、
党規約第五条（六）「中央委員会にいたるどの機関にたいしても、質問し、意見をのべ、回答をもとめることができる」に沿ってお手紙を送ります。

質問に先立ち、私の率直な気持ちを述べます。

雪田さん、あなたがハイリスクにも関わらず齋藤氏に退職金を支給してまで性暴力を隠そうとしているのが、今も不思議でなりません。●●さんの主治医でもあった貴殿が齋藤氏の女性への性的逸脱を知らなかったはずはありません。また、精神医療を専門とする貴殿が、性暴力被害者の加害者への迎合行動を適切に解釈出来ないはずがありません。被害者の告発と加害者の「合意」主張が対等に扱われるべきではない事もご存じのはずです。

事実調査報告（もしくはその解釈は）はあまりにも古めかしく恣意的です。貴殿にはそれを否定する責任と権限があったと思います。

組織防衛意識が先立ち初動を誤った事は想像ができます。しかしその修復の機会は幾度となく提供して来たはずです。

党中央が党員間性暴力を党内問題とし県委員どまりの除名処分で幕引きを図ろうとしている事、その党と利害の一致を見た[redacted]常務理事が隠ぺい工作を主導した、と想像しています。真実は貴殿にしか分からない事ですが。

貴殿の犯した誤りは許されるものではありません。しかし、医療生協・民医連を巻き添えにして党と心中する事は許されません。また、被害者の救済と名誉回復の重要性は医療生協さいたまの存続を上回ります。否、この不祥事を正面から受け止め自浄作用を発揮しマイナスからの出直しを決意する事こそが真の医療生協さいたまを守る事であると確信しています。悪いのは職員ではなく、もちろん被害者であるはずも無く、加害者である齋藤氏と隠ぺいを主導した一部役員です。

医師の専門性、性暴力被害者の最後の砦となるべき民医連の立場から県委員会の誤りを批判し、貴殿自身が先頭を切って自己批判を行い医療生協内党員での相互批判を推進し、再発防止・被害者救済・徹底した第三者調査を実施すべきです。

以上が、ほんの一部に過ぎませんが私の率直な気持ちです。党中央からも貴殿からもまともな回答をいただけないまま3年以上が過ぎました。この様な状態を続ける時間はもはやありません。

私も熟考に熟考を重ねて来ました。貴殿も熟考のうえ、以下の質問にお答え下さい。無回答も貴殿の主体的な選択であり、その様に解釈します。

雪田支部長は、①2021年10月27日の理事会に齋藤前専務の自己都合退職を提案し承認させました。しかしそれ以前に、②埼玉県委員会の柴岡書記長と齋藤氏のセクハラ問題について協議しています。

またその時、③柴岡氏と『党員として性暴力への「報復人事は許さないし、起こさせない」「もし内部告発があったとしたら告発者の権利と立場を守る」との立場を確認しました』

上記に基づき質問します。

質問1

①〜③は事実ですか？　はい・いいえ　でお答え下さい。

質問2
職場支部に、齋藤氏がセクハラの罪で党から除名処分を受けた事実を伏せたのは、上級機関からの指示ですか？　ご自身の判断ですか？　上級・自身　でお答え下さい。

質問3
齋藤氏のセクハラ問題を支部に報告し、再発防止のための論議を行わなかったのはジェンダー平等を掲げる党綱領違反とお考えですか？「市民道徳と社会的道義をまもり、社会にたいする責任をはたす（党規約第五条一）」違反とお考えですか？　はい・いいえ　でお答え下さい。

質問4
齋藤氏の退職後にセクハラ「事実調査委員会」を設置したにも関わらず、退職前にセクハラ嫌疑を知りながら懲戒委員会を招集しなかったのは、医療生協に対する背任行為とお考えですか？　はい・いいえ　でお答え下さい。

質問5

[redacted]

回答は、同封の返信用ハガキにて。６月19日までに回答をお願いします。

他者にこの文書をお見せになる場合、文中に記載した被害者のお二人のお名前は伏せるようにお約束下さい。

私もさいたまの同志に提供する場合には伏字とします。

回答なし・受理通知なし

２０２３年９月18日

各位

報告者

除籍についてのご報告

この度私[redacted]は、２０２３年８月29日付けで日本共産党から除籍措置を受けました事をご報告いたします。

私への除籍「措置」は規約にもないものとの事です。規約第十一条「党員の資格を明白に失った党員」と認定したとの事でした。

私はこの「措置」についての通知文書を求めましたが断られました。そのため除籍理由は私の解釈になりますが、医療生協さいたまの齋藤前専務理事がセクハラを行い除名処分された事実を、医療生協の職員党員に知らせた事と思われます。

医療生協さいたまの一部役員によるセクハラ隠しに対して、医療生協内党員に再発防止のための党内論議の過程であっただけに残念です。

医療生協さいたまの一部役員によるセクハラ隠しと柴岡書記長（当時）事実を、以下に解説します。

①医療生協の女性党員職員（以後Aさん）が、齋藤前専務からのセクハラ被害を

②埼玉県委員会の柴岡書記長に告発した。（2021年1月28日）

③柴岡氏は、Aさんに無断で加害者側の雪田理事長へ、Aさんの情報を漏洩した。（2021年9月）

④雪田氏は、齋藤前専務に本人確認もせず2800万円の退職金を与え自己都合退職を承認した。（2021年10月27日理事会議決）

⑤柴岡氏は、不同意性交罪は党員間であれば党内問題であるとし、齋藤前専務除名で問題は一段落したとした。

⑥柴岡氏は、Aさんに党内問題である性暴力被害は県委員以外には相談しない様に命じた。

⑦柴岡氏は、労組に党員専務のセクハラ問題を労組（党外）で論議しない様に命じた。（2022年10月12日付け）

⑧現在も医療生協内の党員は、齋藤前専務の性加害と除名の事実を知らされていない。

⑨Aさんの願いであるセクハラ再発防止は、⑥⑦によって職員論議はおろか党員論議すら出

来ていない。他の被害者（非党員含む）も泣き寝入りさせられたままとなっている。

党員専務によるセクハラ被害の告発と再発防止の闘いは、２０２０年から始まりました。その間に埼玉県南部地区委員会、埼玉県委員会、中央委員会組織局・同訴願委員会・同規律委員会・同ジェンダー平等委員会に合計で約80通の意見質問訴願書を送りました。しかし一通の回答書もありませんでした。

党中央に指摘して来た県委員会の誤りについて以下に簡単にまとめました。

⑩党員による不同意性交の犯罪行為を党内問題とし党外に出させないのは誤り。
⑪柴岡氏が被害者に無断で加害者側の雪田理事長に情報を漏洩したのは誤り。
⑫齋藤前専務の除名処分を医療生協の党員に報告しないのは誤り。
・党員の性犯罪とそれを見過ごした支部から、自己批判相互批判の機会を奪うのは誤り。
・党員にセクハラ再発防止のリーダーシップを発揮させないのは誤り。
⑬Ａさんに他者への相談を禁じたのはセカンドレイプであり誤り。
⑭党員１００％の役員会がセクハラを否定し、齋藤前専務の除名処分に応じない事態を放置するのは誤り。

⑮役員会が第三者調査を拒否しセクハラ隠ぺいを黙認するのは誤り。
⑯役員によるAさんへの報復を止めないのは公益通報者保護法違反の誤り。
⑰党員からの意見質問訴願書に回答しないのは規約違反の誤り。
⑱意見質問に回答せず党内論議過程で党員から党籍を奪うのは異論排除の誤り。

性被害問題で何よりも優先しなければならないのは被害者の保護と尊重です。①〜⑯の事態の中で、二次被害に苦しめられているAさんを救い、しかも党の打撃を最小限に抑える為には、事情を知り理事会からも県委員会からも圧力を受けない私が、医療生協の党員に働きかける以外に方法はありませんでした。

加えて、誤りを犯した雪田氏や柴岡氏には処分がなく、私だけを除籍した党の対応にも強い違和感を持っています。

私は党籍を奪われても日本共産党綱領3－9「女性にたいするあらゆる形態の暴力を撤廃する」に基づき、医療生協・民医連の再建のために、セクハラの再発防止・被害者の救済・そのための第三者調査の実施を求め闘い続けます。

党籍を奪われた為党内論議への参加は不可能となりましたが、党員に自浄能力の発揮を求め呼びかけを続けます。あくまでも党と医療生協役員が隠蔽行為を改めないのであれば医療生協組合員・労組にもこの事実を伝え、それでも態度を改めないのであれば、広く社会に訴えることになるでしょう。

皆さんに、①～⑯が事実であるか[redacted]の虚言であるかを柴岡書記長か[redacted]氏に確認するようにお願いします。この闘争を始めるにあたり最初に相談したのが[redacted]氏と[redacted]地区委員長（当時）でした。

理事会がセクハラの事実を認め、再発防止策が実現した時に、私の名誉回復と復党が実現すると確信しています。

プライバシーの保護のため、一部字句の加筆修正を行いました。

増補版あとがき

『日本共産党の改革を求めて』を上梓してから2か月足らずでの増補版発行となりました。初版では記者会見の内容もさることながら、第3部の「寄稿と資料」にも大きな反響が寄せられました。大野隆、竹浪純両氏の寄稿では、党のハラスメント体質、異論排除の実態、官僚的な組織運営の実態について実体験にもとづいたリアルな描写で浮き彫りにされ、「私のところでもそうだ」と共感の声が広がりました。

大山奈々子代議員（党神奈川県議団長）の発言・意見書についても、大山氏が党内外へこの問題についての発言を制約されており、氏の真意が伝わりにくい状況にあったもとで、読者からは「大山氏の発言の真意がようやく理解できた。氏の発言は党内外から預かった意見を大会で代弁したものであり、まさに党議員の真骨頂たるもの。党大会結語や『しんぶん赤旗』での取り上げ方が正確でないことがよくわかった」という感想をいただきました。

増補版であらたに加えた資料・寄稿も、現在の日本共産党を取り巻く状況を理解するうえで重要なものであると自負しております。初版に続いて論考の転載を快諾いただいた、大野隆氏、竹浪純氏と、増補版に書き下ろしで寄稿していただいた、露久保美栄子氏、露久保健二氏、党員Z氏に厚く御礼申し上げます。

2024年5月　記者会見司会者

初版あとがき

二度の記者会見では熱心な記者の皆様から真剣な質問をいただき、内容的には充実したものになったとの自負がありましたが、とはいえ国政では少数政党である日本共産党の問題はニュースになりにくいのか、記事にしていただいたメディアは限定的なものにとどまりました。

記者会見の内容をより多くの人々に届ける手はずを考えあぐねていたところ、あけび書房の岡林信一氏から「書籍で世に問えば訴えが拡散されるし、党の民主的改革を求める人々を点から線へのつながりにしていく道具として書籍を活用したら」とアドバイスを受け、今回の書籍化が実現しました。

今、党の民主的改革を求めて発言している党員・元党員・党支持者はみずからを「こんな連中」と名乗りながら、緩やかなつながりをつくりつつあります。

いわゆる「50年問題」の頃、当時の党中央の誤りに抗して闘った先人たちがいました。その人たちがいなければ党は再建できずに消滅していたことでしょう。党中央が誤りを犯したとき、毅然と指摘し、議論を通じて正しい方針への転換を促すことこそ、党員としての責務ではないでしょうか。

「こんな連中」たちの連携で日本共産党の民主的改革が実現できるなら、そのスタイルは様々な社会変革運動に応用できるであろうし、その先に自民党政治に取って代わる新しい政治の形も展望できるのではないかと考えます。

今回の出版にあたり、論考の転載を快諾いただいた、大野隆氏、竹浪純氏に厚く御礼申し上げます。

2024年3月　記者会見司会者

日本共産党員・元党員の有志

「日本共産党の全国大会へ　全党員と市民の注目を党員・有志から求める会」（ブログ　https://jcp29check.blog.fc2.com/）として三度の記者会見を行った党員・元党員を中心に本書を編纂。

『増補版　日本共産党の改革を求めて #MeToo #WithYou』

2024 年 6 月 20 日　初版 1 刷発行 ©
編　者　日本共産党員・元党員の有志
発行者　岡林信一
発行所　あけび書房株式会社
〒 167-0054　東京都杉並区松庵 3-39-13-103
☎ 03-5888-4142　FAX 03-5888-4448
info@akebishobo.com　https://akebishobo.com

印刷・製本／モリモト印刷
ISBN978-4-87154-265-4　C3031